ここに来るまで忘れてた。

吉田靖直

交通新聞社

以前、友達と山手線に乗っていた時、話題に事欠いて「停まった駅ごとの思い出をお互いに言い合うゲーム」というのをやってみたことがある。

新橋のパチンコ屋のグランドオープンイベントで手痛く負けたこと。大学受験で上京した時、最初に浜松町で降りて東京タワーに昇ったこと。高校時代の友人に会いに田町にある香川県人専用寮を訪れたこと。秋葉原で乗って渋谷で降りるまでの間、電車が停まるたび、それぞれの街に関して何かしらの記憶を持っている自分に驚いた。何年住んでも東京がホームだという感覚にならないが、私は確かに長い間、東京で生活をしていたようだ。

バンドのライブで時々地方に遠征しているおかげもあり、47都道府県のほとんどに行ったことがある。いろんな地方に知人もできた。それはいいことかもしれないが、授業中、教科書の日本地図を眺めては見知らぬ土地に胸をときめかせていた頃を懐かしく思う。今はもう、大阪や名古屋、福岡なんかに行ったってほとんど何も感じなくなってしまった。でも、初めてそこを訪れたときは本当にワクワクしたのだった。

30を過ぎた頃、雑誌『散歩の達人』で街にまつわる連載をやらせてもらえることになった。あの山手線で各駅の思い出を友達に語った日の経験から、書けそうな気がする、と少し自信を持っていたが、改めて書きだしてみれば、「飯能の河原でバーベキューをした」とか、「博多の屋台で食べたラーメンが美味《おい》しかった」とか、友達に話すのもためらう凡庸なことしか思い出せない自分に失望した。

やはり私の記憶の大半は、何の希少性もない、ごくありふれた出来事ばかりでできていた。しかしつまらないからといってそれが何だというのか。原稿の数千字を埋めるに足らぬ出来事だとしても、私だけは覚えていたい。私が忘れてしまえば、この世に存在したこと自体がなかったことになってしまうようなつまらない出来事がたくさんある。

吹けば飛ぶようなかなり個人的な思い出を、本という立派な形で記録させてもらえたことに感謝する。そしてこの本が、それがいくら無価値に思えるものだとしても、読んだ人にとって何かを思い出すきっかけになれたらうれしく思う。

吉田靖直（トリプルファイヤー）

目次

目次

目次

目次

01

—

阿佐ケ谷

阿佐ケ谷スターロードに行きつけの店がほしかった

地元から上京して半年間、大学に近い高田馬場に住んでいた。高田馬場とはいえ駅から徒歩25分の場所なので周りには住宅しかない。刺激の少ない環境をあまり好きになれなかったし、半年住んだ頃からネズミが大量に発生、糞尿《ふんにょう》被害に耐えられなくなったので引っ越すことにした。今度はもう少し駅から近い、楽しい街に住もうと思った。

不動産屋に行ったところ、紹介してくれたのは中野と阿佐ケ谷の物件。2つの物件の家賃は同じだったが、立地、間取り、収納など、どこを取っても中野の物件の方が優れている。しかし私は思った。上京して間もなく中野や高円寺に住み始めるのは、典型的な田舎者の行動パターンすぎていてダサいのではないか、と。不動産屋には言わなかったが、それだけの理由で阿佐ケ谷を選んだ。

ただ、実際に自分の足で歩いてみると、阿佐ケ谷は思った以上に魅力的な街だった。駅を出てすぐの綺麗《きれい》なけやき並木。街を歩く人はどこか文化的な気がする。ごはん屋さんも充実している。中でも気に入ったのが、駅から家までの間にある「スターロード」である。カウンターしかないようなこぢんまりとした飲み屋が何十軒も並んだ、昭和の薫りがする飲み屋街だ。せっかく帰り道に飲み屋街があるのだからどこか行きつけの店を作りたいと思ったが、どこも常連しかいなさそうな店でハードルが高かった。

しかしある日の飲み会の帰り、酒が入って少し気が大きくなっていた私は、珍しく一人で飲み屋に入っていけそうな気分だった。中でも、最初に入るならここだろうと、以前から目をつけていたお店があった。スターロードのはずれにある焼き鳥屋だ。焼き鳥屋と看板に書かれてはいるが、別の看板には「名物・ラーメン」と書かれていて、そのこだわりのなさ、B級感が初心者にとっては入りやすそうに見えた。

01

10人足らずでいっぱいになる狭い店内に先客はいなかった。とりあえずカウンターに座って、60代くらいの老店主に名物のラーメンとビールを注文する。出てきたラーメンを食べていると、店主がこちらを見ている気がした。「美味《おい》しいです」とか言った方がいいのか。思案していると、突然
「お客さん、この店くるの初めてだよね？」

と声をかけられた。緊張が表に出ないよう気をつけながら、初めて来た旨を話した。すると無表情だった店主の顔が少し綻《ほころ》び、

「へえ、どの辺住んでるの」

とまた質問してくれる。そこから2人でいろんな話をした。最近上京して、阿佐ヶ谷に引っ越してきたこと。この飲み屋に入ってみたかったが入りづらく、勇気を出して入ったこと。大学でバンドを組んでギターを弾いていること。店主も、育った町の話や、自分の店を持つまでの思い出を語ってくれた。

3杯目のビールを頼んだ時、店主が私のぶんとは別の小さなグラスにもビールを注ぎ始めたので、サービスかと思って受け取ろうとすると笑われてしまった。「違うよ。これは俺のぶん」。店主は小さなグラスをこちらに掲げながら言った。

「おす、これからよろしくな」

そういうことか。私は照れながらグラスを差し出し、杯を交わした。自分のことを、一人の話ができる人間として認めてくれた気がしてうれしかった。これから東京でいろんな悩みに直面した時、この店に来て店主と話をするのだろう。家に帰ってもしばらく、高揚感は残っていた。

2、3日しか空けずにすぐ再訪すると、「こいつグイグイ来るな」と思われる気がして恥ずかしかったので、10日ほど空けてから行くことにした。ちょうどその日はバンド練習の帰りでギターを持っていたため、そこを発端に音楽の話で盛り上がることもできるかもしれない。

扉のガラスから中を覗《のぞ》いてみると若い3人組の先客がいる。少し緊張したが、店主を通じて他のお客さんと仲良くなるのも一興だろう。店に入って、微笑《ほほえ》みながら会釈をしたが、店主は笑っていなかった。とりあえず注文したビールを飲んでいる間も、私の方を見ず、先客の3人とばかり話している。少し寂しかったが、店主の気持ちもわかる。先に話していた彼らを放置して、私だけに集中するわけにもいかないだろう。

その後も場は盛り上がり続けていた。私は一人でビールばかり飲んでいたが、40分ほど経った頃だろうか、話が一段落して、しばらく店内が無言になったその時。店主が思い出したようにこちらに近づいてきて、ギターを指差しながら言った。「それ、お客さんの?」。ついにターンが回ってきた。笑顔で「そうなんですよ〜」と答えながらバンドにまつわる面白い話を思い出そうとしていると、続けて店主が言った。

「そこにギター置かれると通り道の邪魔だからあっち置いてくれるか」

店主の表情は、私のことを全く覚えていないように見えた。ギターを移動させてから席に戻ると、すでに店主は元の場所に帰っている。再び店内は盛り上がり始めた。バンドの話をしようとワクワクしていた自分が心底恥ずかしい。私は残りのビールを飲み干し、店を出た。

そのあと4年半阿佐ケ谷に住んだが、それ以降その店には行かなかったし、他に行きつけの店ができることもなかった。

02

—

御茶ノ水

楽器街でギターを買い、楽器街でギターを売るまで

大学に入学したら絶対にバンドサークルに入ると決めていた。大学生になってまで、遊びのバンドをするつもりはない。音楽関連だけで何十ものサークルがある中でも、最も意識高そうに見えたところを選んだ。高校で思うようなバンド活動ができなかったぶん、大学では全身全霊をかけて音楽に取り組み、あわよくばプロのミュージシャンになりたいとも思っていた。

新歓イベントの打ち上げで先輩に言われた。

「これからバンドを本気でやっていくつもりなら、楽器はちゃんとしたものを使った方がいい」

良いギターを使って自分の中に音の良し悪《あ》しの基準を作らないと、いくら練習しても耳が育たないらしい。

私はそれまでは、高校時代に2万いくらで買ったよくわからないメーカーのギターを使っていた。確かに、今後のことを考えるなら高価でも長く使えるギターを買っておいた方がいいに決まっている。折よく入学当初に30万円の奨学金を手に入れていたこともあり、思い切って予算20万でギターを買うことにした。東京で楽器を買うならやはり御茶ノ水だ。御茶ノ水に楽器屋が多いことはミュージシャンのインタビューを読んで知っていた。

初めて降り立った御茶ノ水は思ったより静かな感じの街だったが、少し歩いてみれば聞いていた通りたくさんの楽器屋が並んでいた。とりあえず目に付いた店に入り、高くて良さそうなギターを見ていく。店員に試奏を頼むだけでも緊張した。20万もするギターを弾くのは初めてだ。適当なコードや「天国への階段」なんかを弾いてみる。なるほど。これが20万の音か。単純計算すると、今まで使っていたギターの7〜8倍はいい音がするということになる。そんなことを考えながら弾いてみれば、さらに音に高級感が出たような気がした。

02

何日か通って10本以上のギターを試奏した結果、フェンダーＵＳＡのテレキャスター・シンライン（18万円）を購入することに決めた。渋い見た目が気に入ったし、周りに使っている人がいないのも良かった。

新しいギターを手に入れた私は、サークルで組んだバンドでギターボーカルを担当し、いろんなライブハウスに出演するようになる。私のギターはライブハウスでも珍しがられ、対バンの人に「そのギターかっこいいね」とよく褒められた。しかし、バンドの演奏自体が褒められることは滅多《めった》になかった。ほとんど客のいないライブハウスで、金を払って演奏する。終わったら対バンの人と少し仲良くなったことだけを心の頼りに、メンバーやサークルの友人と傷を舐《な》め合って帰る。先の見えない活動をしているうち4年間はあっという間に過ぎ、何の音楽的実績も残せていないくせになぜか大学も留年した。

高校時代は霧に包まれていた自分の才能のなさが徐々に明らかにされていく過程で、パチンコにハマっていった。パチンコには勝ち方が存在する。「ボーダー理論」という理論に則《のっと》って台を選べば長期的に見れば必ず勝てるし、パチプロにもなれる。そうバイト先の先輩に教わって感銘を受けた。パチプロになるつもりはなかったが、パチンコで効率的にお金を稼げば今までバイトしていたぶんの時間もバンドに充てられるだろう。

毎日のようにパチンコ屋に通った。開店2時間前から行列に並んだ。先輩仕込みのボーダー理論に従って台を選んでいるつもりだったが、なぜか負けが膨らんでいく。負けを取り返そうとまたパチンコに熱を入れる。バンドに傾けていた時間と情熱の多くが、いつの間にかパチンコに費やされるようになった。

お金はどんどんなくなった。遂には家賃を4カ月も滞納してしまい、不動産屋から頻繁に催促の電話がかかってきた。急場を凌《しの》ごうと本やCDを売る。しかし本を何冊売っても数日分の食費にしかならず、家賃1カ月分にも全く足りない。他に売れるものはないのか。何度部屋を見渡しても、100円以上で売れそうなものはなかった。

あのギター以外は。

いくら金に困ろうと、ギターだけは売ってはいけない。ギターを売ってしまえば、自分のバンド人生は完全に終わってしまう予感がした。ロックを熱く語っていたバンドの先輩がギターを売って長かった髪を切り、「お前らもそろそろ現実見ろよ」などと就活を始める描写をマンガで見たことがあった。そんな定型的な挫折の仕方だけはしたくない。

そう誓った数週間後、私は御茶ノ水の地に立っていた。前日、使ってはいけないお金をまたもパチンコで溶かしてしまった。帰り道、負け過ぎとタバコの吸い過ぎで吐き気を催しながら、当面の生活を成り立たせる方法を考えていた。いくら考えても、あのギターを売る以外の方法は思い浮かばなかった。

俺はついに子供の頃から憧れたバンドの道を諦めてしまうのか。いや、そうではない、と思った。18万のギターを売ったとしても、家には高校の時のギターがある。高いギターでないとかっこいいバンドはできない、そんなわけがあるはずはない。私は知らぬ間に、モノに執着し過ぎていたのだろう。ここはあえてギターを売って不要な執着を捨て去り、パチンコもきっぱりやめ、生まれ変わったつもりでバンドに力を注ぐべきだ。いや、絶対にそうしなくてはならない。今日吐きそうなくらい負けたのはきっと、過去を清算してやり直せという啓示だったのだ。私は決意した。新しいスタートのために、音楽に全てを注ぎ込むために、ギターを売る。

最初に入った店では、3万円で買取《かいとり》可能だと言われた。18万が3万。なかなかシビアだ。一応、他の店にも査定してもらおうと楽器屋を数軒回る。すると意外なことに、店を回るほど4万、5万と買取額が上がっていく。そして最後の店で提示された「今ここで売ってくれれば7万円で買い取る」という条件を呑んだ。遂にギターを売った。店員から受け取った7万円を手に握った瞬間、今日が行きつけのパチンコ屋の熱いイベント日だということが頭をよぎった。

夜も更ける頃、家に帰り着いた私は、3万5000円を机に置き今後について考えていた。御茶ノ水から中央線で帰っている途中、パチ屋がある中野でうっかり降りてしまった。軽く店内の様子をチェックするだけのつもりが、新台が空いていたせいでつい座ってしまい、ギターと引き換えに手にしたお金の半分は数時間のうちに消えていた。

自分を責めることは簡単だ。しかし、今日の朝に存在しなかった3万5000円はまだ目の前にある。それに、最初の店で3万でギターを売っていたと考えたらどうだろう。今もまだ5000円のプラスである。帰りにパチンコ屋に寄ったことで、今後ギャンブルと縁を切る決意はより明確になった。明日からは心機一転、早起きして曲を作り、真剣に生きていこう。うだつの上がらない4年間の象徴であるギターを売って過去を清算した私は、きっと新しいスタートを切れるはずだ。

03

—

大宮

オークションで落札した可愛くないtomos

初めて原付《げんつき》を買ったのは二十歳《はたち》の頃だった。ピザデリバリーのバイトで日常的に原付に乗っていたこともあって、自分の愛車が欲しくなったのだ。ホンダのスーパーカブやVespaなど欲しいバイクはいくつかあったが、迷った末「tomos」に決めた。スロベニア製のおしゃれなバイクだ。レトロな自転車のような可愛《かわい》い見た目で日本でも人気がある。

　原付があれば、阿佐ケ谷の家から高田馬場の学校まで毎日乗っていける。混雑した電車に乗らずにすむし、交通費も節約できるだろう。何より、おしゃれなバイクで颯《さっ》爽《そう》と通学する姿は、一部の学生から注目の的となるはずだ。気になっていた女子から

tomosについて質問され、話しているうちにいつの間にか付き合っていた、なんてことも当然起こりうる。ならば一日でも早くtomosを買わなくてはいけない。もしかしたら今日も、出会いのチャンスを逃していたのかもしれないのだ。

焦りに駆られながら毎日ヤフオクを巡回していたある日。8万〜10万での出品が大半の中、5万で出品されているtomosを見つけた。色も私の欲しかった水色である。これは買いだと思い急いで入札したが、その後誰も入札してくる様子がなかった。競合がいないのは喜ぶべきことだが、あまりに誰も入札しないと不安になる。この値段で入札が殺到しない理由がわからない。備考の欄をよく見ると、「マフラー改造済み」とあった。それ以外に、他の出品車との差異は見当たらない。写真を見てみたが、普通のマフラーより少し長いものに付け替えただけのようだ。

バイクのことはよく知らないが、わざわざ付け替えるほどだから、むしろ元のマフラーよりいい物のはず。結局、最後まで競合は現れないままスムーズに落札できたものの、幾許《いくばく》かの不安は残った。

落札したtomosは、出品者の住所である大宮まで直接受け取りに行くことになった。

大宮に行ったことはなかったが、不良漫画の舞台として見たことはある。大宮駅前にはいつもヤンキーがたむろしており、目が合えばカツアゲされる。駅周辺のスポットにはナンパ待ちの女性がたくさんいて、その周りを黒いワンボックスカーが毎夜徘徊《はいかい》しているとのことだった。

少しビビりながら到着した大宮駅は栄えていて、良さそうなパチンコ屋が近くにいくつかあった。駅前を少し歩いた感じ、特別悪そうな人はいない。ナンパスポットはどこだろう。それらしき場所は見つけられない。駅から20分ほど歩く間、ヤンキーには一人も出会わないまま出品者の家に着いた。

写真で何百回も繰り返し見た、憧れのtomosがそこにあった。これが今日から自分のものになることにまだ実感が湧かない。出品者が大宮のヤンキーで出品はガセ、お金だけ取られて帰ることになるのではと若干危惧してもいたが、実際会ってみればただのバイク好きのおじさんで安心した。お礼を言ってサドルに跨《また》がり、グリップを回してエンジンをかける。

その瞬間、原付とは思えない甲高い爆音が辺りに響きわたった。

それは完全にヤンキーのバイクの音だった。なぜだ!?　説明を求める顔で出品者の

03

方を見ても、満足そうに微笑《ほほえ》んでいるだけだったので会釈をしてその場を去った。公道に出てスピードを上げると、さらに音は大きく、甲高くなっていく。家まで帰る1時間ほどの間、周囲のバイクや自転車がみんなナナハン風の爆音に振り返り、イカつい音と不釣り合いなキュートな見た目を確認して笑っている気がした。

バイクが無駄にうるさいのは、マフラーを改造しているからだった。無知だった。最初にそのことを知っていたら入札しなかったかもしれないが、買ってしまったものは仕方がない。通学定期の更新をやめ、計画通り、毎日バイクで学校まで通うことにした。

12月に片道30分間をバイクで往復するのは想像以上にキツかった。学校に着く頃には体が芯《しん》まで冷え、手の感覚がなくなりかけていた。その上、爆音のストレスが常に付きまとう。もしかしたら自分は、そこまでバイクを好きでないのかもしれないと思い始めた。カッコよくtomosに跨って友達の前に現れた時もバイクには言及されず、ヘルメットが頭に対して小さ過ぎることだけを指摘された。だんだんバイクに乗っている意味がわからなくなっていく。

バイク代の元を取ろうとしばらくは頑張っていたが、道にちょっと停めている間に駐禁を切られることが続き、今まで浮かせていた定期代の何倍かが吹っ飛んだ。徒労感が限界を超え、約2カ月のバイク通学生活は終わった。久しぶりに乗った地下鉄は、暖房が効いて快適だった。

乗らなくなったtomosを家の前の袋小路に放置すること数箇月。夜中、家に帰るといつもの場所にtomosがない。盗まれたのだろうか。放置車両として撤去されたのかもしれない。そんなことを考えながらも、大してショックを受けていない自分に気づいていた。とりあえず役所への説明や手続きなどが面倒そうだ。そのまま10年が経ち、tomosが現在どこにあるのかわからない。何の手続きもしていないので、その原付の税金を今も払っている。

04

四ツ谷

店の名物、チーズドリアは美味しくなかった

亀戸で文章作成のバイトをしていた時期があった。私は基本的にバイト先で明るく振る舞うということができないのだが、特にそのバイトにおいては顕著であった。同じ班のメンバーが私以外全員女性だったことが大きい。女性が多い職場特有の明るい雰囲気にうまく解け込めず、ただ黙って仕事に集中しているふりをしながら、実際は誰より人の目を気にしていた。

そんな私に唯一気さくに話しかけ、度々ランチに誘ってくれていたのが隣の班の岡さんという男だ。岡さんはおっさんのような風貌でみんなにいじられていたが年齢は私の1つ下。明るい性格で、私と違ってど

の同僚とも気軽にコミュニケーションを取っていた。

私も岡さんの前では自然に振る舞うことができた。一緒に昼食を取っていたある時のこと。岡さんが突然、

「吉田さんを連れて行きたい店があるんですけど今度一緒に行きませんか？」

と誘ってくれた。もちろん行く。肩身の狭かったバイト先で、初めて一緒に飲みに行く友人ができたのがうれしかった。


数日後タイミングを合わせて退勤し、四ツ谷へと向かう。岡さんの家とは逆方向にある四ツ谷になぜ行きつけの店があるのか。少し気になってたずねたところ、岡さんの友人が店長をやっているから通い始めた店だとのことだった。

四ツ谷駅から5分ほど路地を歩いて辿り着いたのは、よくあるおしゃれなイタリアン風の居酒屋。店長は岡さんに気づくと親しげに話しかけてきた。店長ばかりか、お客さんの中にも岡さんの知り合いが何人かいた。

岡さんは「この店の名物のチーズドリアは本当に美味《おい》しいから絶対食べてみてほしい」と言う。私は別にチーズドリアが好きではなく、どんなチーズドリアを食べても

期待されるリアクションはできないだろうと思った。しかしそこまで勧められたら無下《むげ》に断れない。

　届けられたチーズドリアをスプーンにすくい、口に含む。うむ。普通に美味しいがやはり特にコメントすることがない。しかし同じものを頼んだ岡さんは一口食べるごとに「まじうめえ、まじうめえ」「あー、最高」「これ食うためだけにでも毎日通いたいですわ」などと軽薄なことを言っている。岡さんに対して初めて「何だこいつ」という感情が生まれた。

　しばらく飲み食いした後、岡さんが店長を紹介してくれた。仲がいい人ができると、必ずこの店に連れてくるらしい。仲がいいと認定されたのはうれしかったが、それとは別に、年が離れた店長と岡さんとの親しさに不自然なものを感じた。知り合いの開いたパーティーで意気投合したというが、何のパーティーだろう。違和感は残りつつも、それ以上たずねはしなかった。

　岡さんは店を出た後も「このクオリティでこの値段は安すぎますよね」と賞賛の言葉を並べ立てる。私はそうは思わなかった。駅で別れて電車に乗った頃、メールが届いた。

04

「他にも吉田さんに紹介したい人がいるんですけど来週空いてますか？」

岡さんの友人と仲良くなりたい気持ちなど全くなかったが、断る言い訳が思いつかなかった。

後日、岡さんと２人、亀戸のカフェで待つこと十数分。30歳前後の居酒屋バイトリーダー風の男が現れた。当たり障りのない世間話をした後、男はカバンからiPadを取り出しパワポの資料を繰りながら説明を始めた。予感はしていたが、やはり典型的なネットワークビジネスの勧誘だった。

「今のままでいいと思ってるわけじゃないよね」

「バンドでもっと成功したいでしょ」

「ＣＤはどのくらい売れてるの？」

とナイーブな部分を刺激してくる。

なんでバンドの事情を何も知らない初対面の人間にそんなことを言われなくてはいけないのか。屈辱に耐えながら話を聞いていく中で知った。あの四ツ谷の店も実はネットワークビジネス関連店で、友達を連れてくるといくらかマージンがもらえるらしい。そんな話は聞かされていなかった。iPadに映る表彰式やバーベキューの様子を見ながら、「岡さんは最初から勧誘のために近づいてきたのだろうか」という憤りと虚《むな》しさを感じていた。

数週間後、バイトの忘年会があった。同じ班の5、6人だけで行われる飲み会で、そこに岡さんはいない。ここで岡さんを告発してやろうと思った。全て話せば、岡さんのバイト先における信用は失墜するかもしれない。多少の罪悪感はあったが、仕方がない。それだけ信用を失う行為を彼はしたのだから。

場が温まってきた頃、タイミングを見計らってやや緊張しながら口を開く。

「あの……実はこの前、岡さんに誘われて飲みに行ったんですけど……」

不満をため込んでいたからだろうか、一旦《いったん》話し始めるといつになくスラスラと言葉が出てきた。店の雰囲気の胡散《うさん》くささ。勧誘だと気づいた時のショック。岡さんへの失望。熱を込めドラマティックに話し終えた後、どうですか、驚いたでしょう、と場を見わたす。

おかしい。みんな黙って白けた顔をしている。あれ、と思ったのも束《つか》の間、「大変だったねー」と誰かが雑に処理し、話題は次に移って行った。

いや、ちょっと待ってくれないか。絶対もっと盛り上がるネタだと思うんだけど。岡さんと同僚の結びつきは、私が思っていた以上に強かったのか。いつも無口なくせに人の悪口だけは生き生きと話す私の姿が醜すぎたのか。岡さんがいくら悪かろうと、岡さんをだしにしてあわよくば「面白いやつ」と認められようとした自分はそれ以上に酷《ひど》い人間なのかもしれない。なんにしろ、今後自分のいないところで悪口を言われることは避けられないように思えた。

05

西五軒町

ピザ屋のバイトで忘れ物をし、嘘に嘘を積み重ねていった

生来の気の小ささと強すぎる自尊心のせいだろう、保身のために小さな嘘《うそ》をつき、その辻褄《つじつま》を合わせるため嘘を積み重ね、後戻りのできない状況を招いてしまうことが多い。

話の流れで出てきた知らないミュージシャンを知っているふりをしたせいで、その後も「あー、あのアルバムもいいよね」「うん、リズム隊が最高だよね」など延々と嘘の相槌《あいづち》を打ち続けなくてはならなくなる。最初から正直に「知らない」と言っておけばよかった。そんな時にいつも思い出すのが、昔バイトしていた高田馬場の宅配ピザ屋での一夜だ。

ミスが多い私はいつも先輩や店長に怒鳴

られたり蹴られたりしていたのだが、その日も注文のポテトを店に置き忘れ、きつく叱られ落ち込んでいた。週末のピークタイムは非常にタイトなスケジュールで回っている。誰かが忘れ物をすれば他の誰かが届ける二度手間となり、そういうミスが重なると全体の配達がどんどん後ろ倒しになる。配達遅れによる客の怒りはバイトに向けられ、そのストレスはミスをした人間にぶつけられる。

その日は特に忙しく、一度忘れ物をした段階で、すでに店内のストレス値は高まっていた。自分のせいだ。今後気をつけようと反省したのも束《つか》の間、その次の配達でまたもサラダを忘れるという大失態を犯してしまう。恐る恐る店に報告の連絡を入れると、電話越しの店長は深くため息をついたのち、

「あのさあ!!　さっきあれだけ言ったよね!!　本当いい加減にしてくれない!?」

と怒声を張り、その向こうからは新たな注文のコール音がひっきりなしに聞こえていた。慌てて店に戻ると、店内は注文を捌《さば》き切れない混乱状態、店長から私のミスを聞いたであろう同僚たちはこちらを白い目で見ていた。

自責の念に駆られたが、過去を振り返り落ち込んでいてもしょうがない。今は、で

05

きるだけ多くの配達をこなしていくことだけを考えよう。気持ちを切り替えた私は次のピザを受け取り、原付《げんつき》のアクセル全開で走ること15分、エリア最果ての西五軒町（江戸川橋と飯田橋の中間付近）のマンションに到着、そしてボックスを開けた瞬間、血の気が引いた。やってしまった。またしてもサイドメニューのサラダを忘れたのだ。

3回連続で忘れ物をするというのは、さすがの私も未経験の事態だった。それもこんな忙しい時に。報告の電話をかけようと携帯を取り出したものの、恐ろしくてボタンを押せない。さっきの店長の怒声や、同僚の冷たい視線が脳裏に浮かぶ。いや、やっぱり無理だ。携帯をそっとポケットにしまった。

どうにか怒られずに事を収められないか。唯一思いついたのは「とりあえず今回の忘れ物については伏せておき、後で近くに配達に来たついでにこっそりサラダを届けて処理する」という方法だった。お客さんにピザを渡し、

「サラダを忘れてしまったのでできるだけ早く持ってきます」

と説明し、全速力で店に引き返した。

息を切らして店内に入ると、先ほどまでの忙しさが嘘のように注文がピタッと止まり、同僚たちはバックルームで談笑していた。いつもならそこでホッと一息つきタバ

コでも吸っているところだが、今はそれどころではない。一刻も早くサラダを届けないといけないのだ。しかし、忘れ物の報告をしていない手前、勝手に配達に出かけることはできない。平常心を装って先輩とパチンコの話をしている間にも、刻々と時は過ぎて行く。

今この瞬間、「サラダはどうなってるんだ」と電話がかかってきてもおかしくない。注文の電話が鳴るたびにビクビクしていた。私はそれ以前から無能なバイトの烙印《らくいん》を押されてはいたが、「できないなりに真面目にやるやつ」とも認識されていた。こんな姑息《こそく》な隠蔽《いんぺい》工作をするような人間だと知ったらみんなどんな顔をするだろう。

その後も時々注文が入るものの、西五軒町とは逆方向の配達ばかり。ついでにサラダを届けようにも、逆方向では時間的に無理がある。

何もできないまま1時間半が過ぎた。迫りくる電話の恐怖に震えていたところに、待ちに待った吉報が。遂に、西五軒町付近の注文が入ったのだ。伝票を奪うように確保し、さっき忘れたサラダを持って出ようとしたところ、冷蔵庫にあるはずのそれがない。余っていると判断され他の配達に回されたのだろうか。いつもなら「サラダ作ってくださーい」とキッチンのバイトに頼めば片付く話だが注文のないサラダは頼めない。

なす術のないままサラダを持たず出発。危険だが、サラダが売り切れたことにして、その辺で適当なサラダを買って届けるしか手がなかった。1件目の配達を高速で終わらせてコンビニへ駆け込み、一番高価な牛角のサラダを購入して原付を走らせる。マンションに着いた頃には、最初の配達から2時間以上が経っていた。サラダを食べたかったタイミングはとうに過ぎているに違いない。ビクビクしながら牛角サラダを取り出す私をお客さんは不審そうに見ていたが、その場で怒りを露わにすることはなかった。

配達を終え店に戻ったものの、いつ牛角サラダについて説明を求める電話がかかってくるかわからない。忘れ物を隠した段階ではただの臆病な卑怯《ひきょう》者でしかなかった私だが、狡猾《こうかつ》な隠蔽工作を完遂した今になって全てが暴露されたとしたら、卑怯さに加えて若干のサイコ感さえ漂ってしまうだろう。

最後まで心は休まらなかったが、結局そのままクレームは来なかった。私は懐の深いお客さんに感謝し、自分も今後客として使えないバイトに当たった時は、絶対にクレームを入れないようにしようと誓ったのだ。

06

—

名古屋

危ない！
夜行バス
大爆発の危機

数年前の冬、広島でライブをした。ライブはそれなりに盛況に終わり、地元のバンドマンに連れていってもらったお好み焼き屋での打ち上げも盛り上がった。場はお開きになろうとしていたが、まだ帰りたくない。せっかくの広島を楽しみ尽くしたい。私は、車に機材を積み込み帰り支度を始めるメンバーに「もう一日残っていくわ」と告げ、一人広島のサウナに宿泊することにした。

さあ、明日はどこに出かけようか。ワクワクしながら就寝したものの、翌日、昼に起きてサウナでマンガを読んでいるうちに夕方になってしまっていた。軽い自己嫌悪を覚えながら外に出る。1月の広島は思ったより寒い。少し街を歩いた後、寒さに耐えきれず個室ビデオに入った。スッキリして外に出ると、あたりはすっかり暗くなっている。わざわざ広島に残ったのに何をしているのだろう。

行き当たりばったりの旅にも、ある程度の計画性は必要だ。自分には観光は無理だと思った。もういい。早く東京に帰りたい。調べると、2時間後に発車する東京行き夜行バスがある。これに乗ろう。だがその前に、せめて広島らしい夕食を食べて帰りたい。何か名物はないかと彷徨《さまよ》っていたところ、「広島風つけ麺」なる看板を発見した。広島風つけ麺とは、唐辛子やラー油が大量に入った赤いつけダレが特徴の辛いつけ麺のことだ。これを食べれば広島に残った意味を感じられるかもしれない。

私は辛いものが好きだ。つけダレの辛さは、最も辛い「レベル5」をチョイス。やってきたつけ麺はなるほど辛かった。これが広島風か。俺は今広島を堪能している。そう自分に言い聞かせるように完食。その後無事夜行バスに乗り込み、東京へと出発した。

いつもはなかなか眠れない夜行バスだが、お腹《なか》が満たされたためか、その日は音楽を聴いているうちにすぐ眠っていた。

06

数時間後。腹部の違和感で目を覚ます。時計を見ると深夜2時。寝ている間にお腹を冷やしてしまったのだろうか。ぼんやり携帯をいじっているうちに、おぼろげだったお腹の違和感ははっきりとした輪郭を持ってきた。

この感覚は危ない。認めてしまうとその事実から逃れられなくなるような気がしたが、数分後には急激なスピードで状況が進行し、もはや気の持ちようで誤魔化《ごまか》すことのできないレベルになっていた。

私はついに認めた。

「めっちゃうんこしたい」

そう頭の中でつぶやいた瞬間、便意は一気に強くなった気がした。

格安のバスにはトイレがついていない。また、午前2時ではトイレ休憩も終わっている。もしこのまま朝までトイレ休憩がないとしたら……考えただけで恐ろしいことであった。経験則から言って、この便意は朝まで我慢できるような生やさしい代物ではない。最悪の状況が頭をよぎる。この内容物が外界に放出された時、そのパワーは密閉された空間を侵食し、いずれ完全に満たしきるであろう。異常な臭気で目を覚ます客、パニックに陥る車内。程なくして犯人は突き止められるが、目的地に着くまで

06

数時間は逃げ場がない。私はこれまで築き上げてきた人としての尊厳を失うだろう。

しかし、微《かす》かな希望は残っていた。この中身は実は便ではないかもしれない。おならが肛門を圧迫することで私に便意だと錯覚させているのかもしれない。そういうことは今まで何度もあった。恐る恐る肛門を少し開いてみる。瞬間、脳内に「危ない！」という声が響き、私は急いで肛門を固く閉めた。息を切らしていた。

わずかな希望すらも打ち砕かれた。肛門を圧迫しているのはやはりガス的なものではなく、はっきりと形を持った存在であった。

こんな急に強い便意に襲われることなんてない。なんで今日に限って。

原因ははっきりしていた。広島風つけ麺だ。その「広島風」に相当する大量の唐辛子が今、大腸から肛門にかけてを激しく攻撃している。私は広島を憎んだ。

運転席に行きトイレに行きたいと伝えるが、運転士は面倒くさそうに、

「朝の休憩まで我慢してください」

と繰り返すだけ。後悔することになるぞ、と思ったが、悪いのはトイレ休憩の時に寝ていた私の方だ。やり場のない気持ちを押し殺し、席に戻って数十分。もう便のことしか考えられない。タイムリミットは迫っていた。楽観的に見積もって、あと30分

は我慢できないだろう。

その時、突然バスがスピードを落とし始めたことに気づく。カーテンの隙間から外を見ると、バスは名古屋駅近くのサービスエリアに入っていき、そのまま停車した。停まった理由はわからないが、とにかく運転席に向かい、改めて便意の強さを伝える。そして運転手の許可をもらい、バスの外に出て遂に用を足すことができたのだった。もし漏らしたらズボンの中に収まってくれるようなタイプの便ではなかった。

やはり非常に危険な状況だったのだ。

緊張感から解放されバスに戻ると、名古屋に停まった理由がアナウンスされていた。車体に不具合が生じ、予定にはなかった名古屋に緊急停車したとのこと。結局乗客は全員近くのＪＲ名古屋駅で降ろされ、東京までの新幹線自由席チケットが配布された。

今まで何十回も夜行バスに乗ったが、後にも先にもあの時以外途中で降ろされたことはない。バスに不具合が生じていなければ確実に悲劇は訪れていただろう。

その日以来、名古屋は「奇跡が起きた街」として私の記憶に刻まれることとなった。

07

中野

彼女とデートの最中、ものすごく好みの女の子に出会ってしまったら？

阿佐ケ谷に住んでいた頃、中野にはよく行っていた。家から近くて中古ＣＤ屋や本屋が多かったから主に買い物をしに行っていたのだが、中野という街自体が好きだった。

南口のパチンコ屋が月イチで開催する熱いイベントには欠かさず通った。北口のアーケード商店街、サンモールから一本外れた通りの雰囲気も気に入っていた。細い路地の両脇に飲食店が立ち並ぶその通りは、私が漠然と思い描いていた〝東京の飲み屋街〟のイメージに近かった。「一見《いちげん》さんお断り」的な店は少なく、どの店も大衆的で、学生にも入りやすいのがありがたい。

その通りの奥の方にはタイカレー屋があ

る。私は大学生の頃パクチーの美味《おい》しさに気づき、タイカレーのパクチーを大盛りにして食べるのにハマっていた。中でも、その店のタイカレーが好きだった。全ての食べ物の中で一番好きなのではないかと思っていた時期もある。

当時私には、付き合っている彼女がいた。彼女とは食の趣味が合ったので、きっとその店のカレーも気に入ってくれるだろうと思い、一緒に行ったことがある。

彼女は期待していたとおり、美味しい美味しいと満足そうに食べてくれた。あまりお世辞を言わない性格の子だったので、本当に美味しいと思っていたのだろう。

自分の好きなものを彼女が好きになってくれたのが素直にうれしかったし、彼女に喜んでもらえて自然とうれしくなっている自分も少し好きになれた。


食事を終えカレーの感想を話しながら駅に向かって歩いていたその時、30メートルほど前方の飲み屋の店先で客引きをしている女の子が見えた。通りにはたくさんの人が歩いており、何人もが視界に入っていたにもかかわらず、私はいつの間にかその女の子だけを目で追っていた。

遠かったのではっきりとは見えなかったが、直感的にわかった。その女の子が私と

07

同年代で、しかもかなり私好みの見た目であることに。彼女の前で知らない女の子をまじまじと見るようなことは避けたいと思いつつ、どうしても目が離せなくなってしまうほど好みのタイプだった。

ただ、私が一番好きなのは隣にいる彼女である。そうでなくてはいけない。いくら客引きの子が可愛《かわい》かろうと私には関係ないが、できれば「近くで見たらあまり好みではなかった」というパターンであってほしい。そうすれば、無駄な雑念に惑わされず、彼女とカレーを食べた後の温かな余韻に浸ることができるだろう。

しかし顔がはっきり見える場所まで近づいてくると、その子が自分の好みどストライクだという事実はもう否定できなくなってしまっていた。いや、近くで見ると想像していた以上の可愛さだ。まずい。少しでも話すと好きになってしまいそうだ。

その子は私が当時好きだった宮﨑あおいに少し似ていたが、宮﨑あおいを間近で見てもここまでの衝撃を受けることはないだろう。そのくらいの圧倒的な可愛さだった。勘弁してほしい。せめて彼女といるときに目の前に現れないでほしかった。すでに彼女の話が全く頭に入ってこなくなっている。

前を歩く人が客引きされているのが聞こえてきて、声や喋《しゃべ》り方まで可愛いのがわか

った。直接話しかけられたら絶対に挙動不審な言動をしてしまうことを予期した私は、

「あっ！」

と何かに気づいたふりをして早歩きで彼女から離れた。

そのまま客引きの前を素早く通り過ぎようとしたところ、

「7時までタイムサービスで生ビール半額でーす！」

と笑顔で話しかけてきたその子とうっかり目が合ってしまった。

ダメだ。可愛すぎる。あまりの可愛さに一瞬で好きになってしまいそうになるも、
なんとか、

「あ、あ、だ、だ、だ、大丈夫です！」

としどろもどろに答えて目をそらし、さらに歩速を上げその場を離れた。

好きな子に話しかけられた中学生の感じが出てしまった。彼女にバレていないだろうか。気になったが振り返ることもできずそのまま歩き続けた。

数軒先まで行ったところ、店頭の水槽で亀が飼われているのを見つけた。遠くから偶然見つけたこの亀が気になりすぎて、つい彼女を振り切って速足で見にきてしまったことにしようと決めた。

全く興味のない亀の甲羅をしばらく触っていたが、彼女はなかなかやってこない。チラッと後ろを見ると、彼女もさっきの子に客引きをされていた。会話が盛り上がっているのか、笑い声まで聞こえてくる。

客引きとすらフランクに会話できる明るい性格は彼女の好きな部分だったが、今は彼女とその子を一緒に目に入れたくなかった。

結局彼女は、1分ほど話した後ようやくやってきて、亀に熱中しているふりをしている私に向かって「急にどうしたの?」と聞いた後、「さっきの女の子、めっちゃ可愛かったねー!」と楽しそうに言った。

全く同感である。

しかし、私は亀に興味を引かれすぎて女の子など全く眼中になかった人の話し方で、「ああ、そういや可愛かったかも」と答えながら、まだ治まらない動悸《どうき》と顔の紅潮がバレないよう彼女に背を向けたまま、いつまでも亀を触り続けていた。

喉から手が出るほど、ゆずのストラップが欲しかった

初めて東京に行ったのは小学6年生の時だった。夏休みの最後の1週間、10歳上の姉が上京して住み始めた井の頭線池ノ上のアパートに、幼馴染《なじ》みと一緒に遊びに行くことになったのだ。

東京は刺激に満ちていた。ディズニーランドや井の頭公園、新宿の１００円ショップ。行く場所行く場所楽しくてしょうがない。

東京滞在も終盤のある日、下北沢の漫画喫茶に連れていってもらった帰りにいろんなお店を覗《のぞ》いていると、雑貨屋で何かを見つけた姉がニヤニヤしながら聞いてきた。

「なあ、ゆずのストラップあるで。欲しい

んちゃう？」

私は、当時デビュー間もないフォークデュオ・ゆずの大ファンだった。小５で生まれて初めて買ったＣＤはゆずの『夏色』、次に買ったのもゆずのライブアルバムだ。ゆずが出ている番組は全て録画していた。だからもちろん、地元に売っていないゆずのストラップも喉から手が出るほど欲しかったが、私は笑いながら「ストラップまでは別にいらんわ」と答えた。

姉は上京する前、私のゆずファン度が強まっていくことにいい顔をしていなかった。どう思われようと無視すればいいのだが、当時の私は姉からダサいと思われることを異常に気にしていたのだ。テレビを見て姉が笑っていれば、面白さがわからなくても「本当はきっとこれが面白いんだ」と思った。音楽に関しても、自分の知らない洋楽ばかり聴いている姉を畏怖し、姉の好まないゆずを好きなことに、どこか後ろめたさを感じていた。

時々部屋に呼び出してレディオヘッドやニルヴァーナのＣＤを聴かせ、私を違う嗜《し》好《こう》へ導こうとする姉。そんな地道な情操教育も虚《むな》しく、私はゆずのＣＤにとどまらずカレンダーやポストカードまで買い集め、押し入れに隠していた。勇気を出して勉強

08

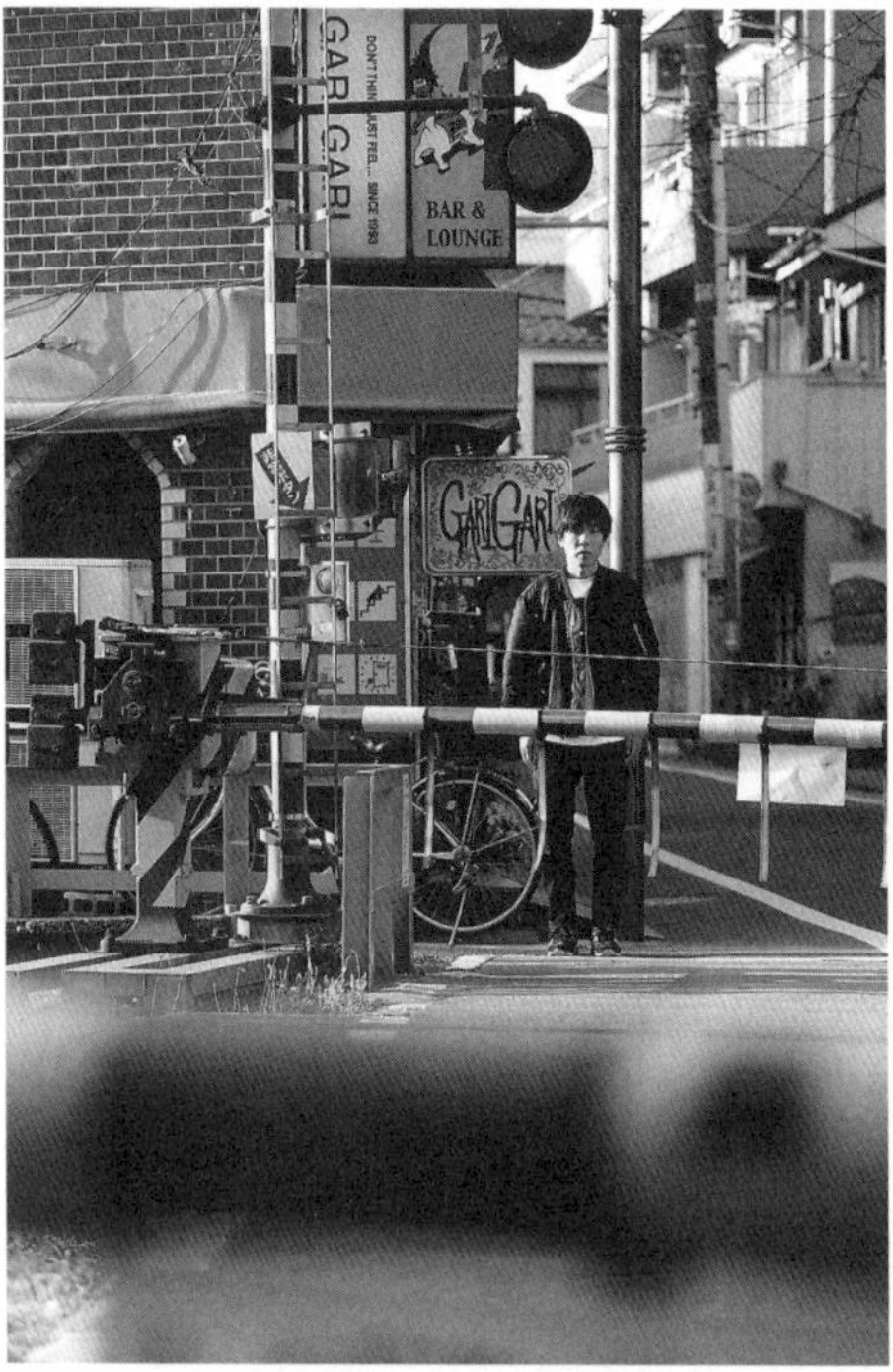

机にゆずのポストカードを飾った際も、好きではないGLAYやジュディマリのカードを一緒に飾るカモフラージュ策を弄してみたものの、年の離れた姉には私の魂胆などお見通しのようだった。

姉の前でゆずの話はできない。しかしゆずの公式キャラクター「ゆずマン」があしらわれたストラップ、ファンとしては絶対に手に入れておきたい一品である。ストラップをつける携帯電話は持ってなかったが、マジックテープの財布は持っていた。あの財布にゆずストラップをつけて街を歩けたら、どんなに素敵だろう。

気持ちを押し殺したまま雑貨屋を後にし、ゲームショップに寄ってから池ノ上の家に帰る。みんなで夕飯を食べている時も、頭の中はストラップでいっぱいだった。

明日の昼には新幹線に乗って東京を去る予定になっていた。朝買いに行く時間はないだろう。すでに時刻は18時半。猶予はない。意を決した私は、テレビを見てダラダラしていた姉と友人に向かって言った。

「さっきのゲーム屋さんで気になるゲームあったからちょっと見てくるわ」

もちろんゲームはただの口実である。夜に一人で出歩くことを咎《とが》められないか不安だったが、姉は意外にも「遅くなる前に帰ってきなよ」とあっさり送り出してくれた。

08

そのまま急いで下北沢の雑貨屋に向かい、ついにゆずのストラップを購入。すぐにでも財布に装着したいところだったが、もちろん姉の手前そんなことはしない。ストラップをリュックサックの奥深くへとしまい込むと、アリバイ作りのためしっかりゲームショップにも寄り、店頭で試供されていたプレステのゲームを10分ほどプレイしてから姉の家に帰り着いた。

滞りなくミッションを完遂し、大満足でテレビを見ている私を、早く風呂に入れと姉が促す。ああ、ストラップを買えて本当によかった。達成感に包まれながらシャワーを浴び、すっきりした気持ちで頭を拭いていたところ、姉がニヤニヤしながらやってきた。悪い予感がした。案の定、姉の口から出てきたのは私が最も恐れていた一言だった。

「あんた、ほんまはさっきゆずのストラップ買いに行ったやろ?」

瞬間、様々な可能性が頭を駆け巡りパニック状態に陥る。「え、何が?」一応しらを切りながら部屋に戻ると、奥深くにしまい込んだはずのストラップがリュックから飛び出ていた。なぜだ。着替えを取り出した際に一緒にリュックから出てしまったのか。それとも、姉が勝手に私のリュックを物色したのか。どちらにしろ、もはや言い逃れはできない状況だった。

隠蔽《いんぺい》工作がバレた焦りと恥ずかしさでしどろもどろな私を、

「なんでストラップ買いに行くって言わんかったん?」

と半笑いで追い詰めてくる姉。なんて嫌な人だ。

「……意外と安かったから」

無理やり言い訳をひねり出すが、この状況下では全て無力である。私はその時、ゆずのファンであることが恥ずかしいと本気で思ってしまった。

このショック体験の影響か、私はその後次第にゆずを聴かなくなり、レッチリやブルーハーツなどのロックを聴くようになっていった。本当に感動して聴いていたつもりだが、「こっちの方が姉にウケがいいだろう」という不純な動機が全くなかったとは言い切れない。

結果的に、ロックを起点にいろんな音楽を好きになれてよかったと思う。しかし今思い返しても、当時のゆずの曲の中にも良いものはたくさんあった。あのとき素直になっていたら、あの時胸を張って好きだと言えたとしたら、もっと気持ちの良い人間になれていたのではないかと思えてならない。

09

上野

ティッシュ配りの才能が目覚めたらどうしよう⁉と考えた

もう絶対にギャンブルはやめようと思った。「衣食足りて礼節を知る」と中国の故事にもあるように、最低限のお金がないと人間の心はどこまでも荒《すさ》んでいくと知った。やっと目が覚めた。これを機に甘い考えを捨て、ちゃんと働いて、中身のあるお金を稼いでいこう。ただ、この期に及んでも仕事は選びたかった。とりあえず飲食店など、テキパキとした動きや機転が求められるバイトは避けたい。体力がないので肉体労働も厳しい。できれば個人経営の暇な古本屋などで働いてみたかったのだが、そんなうってつけの求人はそうあるものでない。

途方に暮れていた時、駅前でティッシュ

を配っている若者の後ろに見つけた立て看板。「時給１３００円」「シフト自由」「日払い・週払い可」と大文字で書かれている。ティッシュ配りか。意外と盲点だったかもしれない。ティッシュを配り続けるだけの単純な労働なら気が利かない自分でも何とかなるだろう。給与条件も申し分ない。

思い立ったが吉日、立て看板に書いてある電話番号を携帯に打ち込み、その場で電話をかけた。数分後には、翌日昼に上野で面接を受けることが決まっていた。

面接場所はアメヤ横丁から一本外れた通りの一画にあった。夜は水商売の店として営業しているであろう建物の中に入ると、すでに黒いスーツを着た面接官とヴィジュアル系バンドマン風の応募者が腰かけている。面接官は浅黒い肌で目が鋭く、ディープな世界を生き抜いた厳しさを醸し出していた。

アンダーグラウンドな雰囲気に少しビビりながら説明を聞く。多少は予想していたが、看板に書いていた給与条件とは大きく違った。時給は９００円からスタートで交通費も出ないらしい。理不尽だが、ここまで来たらもう受け入れるしかない。他にいい選択肢もないし、とにかく早く働き始めない限り、一銭のお金も手に入らないのだ。

そのティッシュ配りは、キャバクラ・風俗店のコンパニオンを募集するためのものだった。

「男とデブには配らないでね。配ったらすぐにわかるから」

無感情な口調に、掟《おきて》を破ったら恐ろしい目に遭わされそうな恐怖を感じていると、突然「君、話聞いてる?」と声をかけられた。怒られるのかと思いドキッとしたが、顔は笑っていたので「聞いてます聞いてます!」と若干ツッコミを交えた口調でヘラヘラしながら答えたところ、

「お前、意外と笑うと可愛《かわい》いじゃん。その顔で配った方がいいよ」

と褒められた。ついうれしくなり、元気よく「わかりました!」と答えた。

面接が終わると上野駅前へ連れていかれティッシュの箱を渡された。特に何も言われなかったが受かったようだ。ティッシュを持って街に立つと、新しい仕事を始めるワクワク感を久しぶりに思い出した。今まで気づかなかったティッシュ配りの才能が目覚めたらどうしよう。新人離れした数のティッシュを配って店長を驚かせようか……そんな高まりは長く続かず、30分もすると早くも飽きていた。歩いている人の中に若い女性は多くないし、渡そうとして無視されることも、露骨に嫌な顔をされるこ

ともある。

基本的には迷惑がられる仕事なのだ。その上ずっと動き続けていなくてはならないので疲れる。休憩については何も言われなかったが、1時間も配ったら10分くらいその辺で座って休んでも罰は当たらないだろう。しかし、以前バイト先で先輩から「こんなバイトもちゃんとやれないようじゃ、バンドだって何だって本気でやれるわけない」と説教されたことを思い出した。確かにその通りだ。ただのティッシュ配りだとしても、全力を尽くせる自分でありたい。その姿勢が今後何かしらの成功につながっていくはずだ。私はサボりたい心に鞭《むち》を打ち、いくら断られようともストイックにティッシュを配り続けた。


3時間ほど経った頃、さっきの面接官の部下のような男がやってきて、一旦《いったん》作業を中断しろと命じた。やっと休憩させてくれるのかと思っていると、男はティッシュが入っている段ボールの中身をチェックし、

「サボった?」

と聞いてきた。なんてことを言うんだ。何度もサボりたい誘惑に打ち勝ってきたの

09

に。急いで否定するも、男はふーんという顔で納得がいってない様子。「3時間で一箱も配れないようじゃちょっと厳しいか……」と不穏なことを呟《つぶ》やいている。どうやら望ましい量を配れていなかったようでショックだったが、真面目に3時間配り続けたこともちょっとは評価してほしい。

男が「箱持ってきて」とだけ告げて面接場所の方へスタスタと歩きだしたので、よくわからないまま後ろをついていく。店に着き私がダンボールを下ろすと彼は一言、

「おつかれ、帰っていいよ」

と言った。状況を呑《の》み込めないでいると、男はめんどくさそうに、

「悪いけど、3時間でこの量しか配れないようなら雇えないわ。店長がせっかくアドバイスしてくれたのに笑顔もなかったし」

どうやら私はクビになっていたようだ。過去最短記録かもしれない。しかし、チャンスが一度しかないのはあまりにも非情ではないか。確かに笑顔はなかったかもしれないが、あんな軽いアドバイスを絶対守らなくてはいけないとは思わなかった。というか最悪クビになるのは仕方ないとして、3時間働いた分の給料をもらえないとおかしい。それもダメなら往復の交通費500円だけでも。

言いたいことはたくさんあったが、裏社会とつながっていそうな男に向かって権利を主張する勇気を私は持ち合わせていなかった。

わざわざ上野まで行って、何時間もティッシュを配らされた挙げ句、交通費分のお金を失っただけの一日。至急他のバイトを探さなくてはいけないが、手を抜いたわけでもないティッシュ配りすらクビになる自分が働ける場所などあるのだろうか。家に帰る頃には完全に日が暮れていた。働きたくない気持ちとお金のなさの折り合いはまだつかないままだった。

10

—

静岡

サウナを語るには どうしても『しきじ』に 行っておかなければ ならなかった

小学生の頃、たまに親が健康ランドに連れていってくれた。子供なので、いろんなお風呂があると全種類をコンプリートしたくなる。その中で、少しハードルが高いが、水風呂にもできるだけ入るようにしていた。試行錯誤するうちに、サウナで限界まで耐えると水風呂に入りやすくなることがわかった。

ある時、友達とどれだけ長い間水風呂に入っていられるか勝負していると、いつもと違う感覚が訪れた。視界が高速のパラパラ漫画のようになり、頭がグラングラン揺れてまっすぐ前を見ているつもりがいつの間にか上を向いていたりして面白かった。様子のおかしい私を心配した友達が早く

10

出ようと促し水風呂を出たが、その時の非日常的経験はずっと記憶に残り続けている。それ以来、サウナのある公衆浴場に行くたびに、あの日の感覚を追体験しようと挑戦し続けてきた。

ここ数年、サウナが流行している。流行の発端であろうタナカカツキ氏の『サ道』という漫画を初めて読んだ時、自分がぼんやりと追い求めていたものが明文化されていることに驚いた。サウナを健康面からでなく、トランス体験的な側面から語っているものを見たのは初めてだった。そこには、より良いトランス感覚を得るための「正しい入浴法」も示されていた。まずサウナに8～12分入り、その後水風呂に入ってから椅子に座るなどしてリラックスし休息を取る。それを3セット程度繰り返す。

ブームによりいろいろとサウナに関する情報を得る機会が増えたが、基本的にはどの本やサイトでもこの入り方が推奨されている。

入浴法を知って以降、以前より意識的にいろんなサウナに通うようになった。都内だと荻窪の『なごみの湯』や上野の『北欧』、歌舞伎町『ＡＫスパ』によく行く。ライブで地方に遠征すれば、その土地の有名なサウナをできるだけ訪ねる。札幌の『ニコーリフレ』の水風呂の冷たさは忘れられない。他にも全国各地それなりにたくさん行ったが、まだサウナ上級者を自任するには引け目があった。

『しきじ』に行ってなかったからである。

サウナ入門書に、必ずと言ってよいほど取り上げられ、愛好者から〝聖地〟と呼ばれる静岡の『しきじ』。行かなければサウナを語る資格がないと言っても過言ではない。サウナが素晴らしいのはもちろん、水風呂はそのまま飲めるほどの水質で、他のサウナではおよそ得ることのできない体験ができるという。

静岡に行くことがあれば立ち寄ろうと思っていたが、何年経っても機会は訪れない。その間にもいろんなサウナに行ったが、頭のどこかに「『しきじ』はもっとすごいのではないか」という考えが浮かんで目の前のサウナを１００％楽しめていない自分がいた。

もう待っていても仕方ない。私は腹を決め、予定のないある秋の日、『しきじ』のためだけの静岡行きを決意したのであった。東京から高速バスで約3時間。静岡駅に着き、そこから路線バスに乗ること20分。少し歩くと、そこに憧れの『しきじ』は実在した。

はやる気持ちを抑えながら受け付けを済ませ、ロッカールームで服を脱ぎ、浴場に入る。初めて来たのに、なぜかいつか来たような懐かしさがある。変わり種の風呂を多種多様に展開するわけでもなく、シンプルに研ぎ澄まされた構成の浴場に〝本物〟を感じた。無駄なものはいらない。ラーメン屋でも、何十種類もメニューがある店より、同じものを出し続ける武骨な店の方が得てして美味《うま》いものである。

サウナ自体はどこかで見たような造りだが、温度と湿度の最高のバランスは決して他では真似できない本物の「それ」だ。そして水風呂。滝のように落ちてくる駿河の名水を浴び、シルキーな水に浸かり、私は完全なる覚醒状態に入った。これ以上ないほどサウナと水風呂を満喫し終え、深いリラックス状態で休憩所のリクライニングチェアーに身を委ねる。

その時、なにか既視感のようなものを感じた。そういえばさっき風呂に入った時も前に一度ここに来たような気がしたが、この感覚はなんなのだろう。ぼんやりした記憶を手繰りながら休憩所を見渡した結果、既視感は確信に変わった。

私は間違いなく、以前に一度ここに来たことがあったのだ。

10

あれは7年ほど前のことだった。エミリー・ライクス・テニスというバンドと我々とで、長野と静岡のライブハウスを巡るミニツアーをしたことがあった。静岡のライブを終えて深夜まで打ち上げを楽しんだ私たちは、ベロベロになりながら寝床を求めてこのサウナに辿り着いたのである。その時も酔いざましにサウナや水風呂に入ったが特に何の感慨もなくそのまま休憩所で就寝した。

唯一サウナが話題に上ったのは、エミリーのメンバーがサウナに入っていると見知らぬ中年男性が不自然なほど近くに座ってきたという話の時だけだ。

「知らずに入ったけど、もしかしてここハッテン場じゃね？」

と軽薄な会話をしたことを思い出した。

なにが「本物」だ。なにが「シルキーな水」だ。『しきじ』に行けばもう少し自信を持ってサウナを語れるようになると思っていたが、ヘラヘラしながら聖地を踏みにじった私は、有識者のお墨付きなしには物の良し悪《あ》しを判断することもできないとんだフェイク野郎だった。以来、フェイクはフェイクらしく、ひっそりサウナに通い続けている私である。

11

西新宿

幸運のネクタイを巻いて、新聞営業の電話をかけ続けた

何年か前にCSの音楽番組に出演した際、よく当たると評判の占い師にバンドの行く末を占ってもらった。我々のバンドは「今年が分岐点となる重要な年だから必死に頑張った方がいい」とのことだった。私は番組に気を使ってうんうんと頷《うなず》きつつ、本当は疑いの目を向けていた。そんな抽象的な言葉は、いつ誰に対しても当てはまるものでしかないと思ったからだ。

だが私個人に対する、

「あなたの『楽してお金を儲《もう》けたい』という強い思いが、バンド全体に悪影響を与えています」

という鑑定を聞いたとき「この人は本物

11

だ」と思った。

実際、私は「楽して儲けたい」と常に思っている。働きたくないという理由からパチンコの勝ち方を模索したりＦＸの攻略本を読み込んだこともある。週刊誌に「稼げる・得する裏ワザ完全ガイド」なる特集が組まれていればつい買ってしまう。それが結果に結びつくかというと全くそんなことはないのだが。

でも私だって、いつも楽をすることばかり考えて生きてきたわけではない。仕事に対する真面目な姿勢を評価され、献身的に頑張ろうと誓ったこともあるのだ。

一時期、コンビニで無料配布されるバイト情報誌を毎週のように読み込んでいた私は、そこで新聞の電話営業の求人を見つけた。椅子に座って電話するだけで時給１５００円だという。内容も給与も過去やってきたどのバイトより好条件である。営業の経験など一切なかったが、もしかしたら意外な素質が開花するかもしれない。

西武新宿駅の裏、小滝橋通りから少し路地へ入ったところにその営業所はあった。履歴書を渡して簡単な面接をすると、あっけなく採用が決まった。

初出勤の日、机と椅子が壁に向かって並んだ狭い部屋で、３人のバイトが引っ切りなしに電話をかけていた。その横で改めて説明を受ける。１週間のうちに契約が取れなかった場合はクビになるが、働いた時間分の給料はちゃんと支払われるらしい。

トークスクリプトを小一時間ほど声に出して読み上げたら早速、営業開始だ。不安と同時に、少し楽しみな気持ちもあった。

上司の話では、一日一件契約が取れたら優秀とのこと。一件取るだけでいいのか。もし最初の電話でいきなり契約を取ったら、きっと異例の新人の登場にみんな驚愕《きょうがく》するだろう。そんな空想をしつつ、電話に出た中年と思《おぼ》しき男性に練習した内容を話しだした途端、一方的に電話を切られた。

ある程度予想はしていたものの、慣れない拒絶反応にダメージを受けた。気を取り直してかけ続けたが、まず半数近くは電話に出ない。出たとしても何も言わず切られるか、取り付く島もないイライラした反応を返されるかのどちらかだった。

そのまま、成果なく一日目は終わった。外に出ると、疲れがドッと押し寄せる。これは確かに時給1500円だ。無駄に電話をかけ続けただけだった、という徒労感も大きい。

次の日も、その次の日も大体同じだった。電話に出てすぐの声や態度で「これはもう無理だろう」と思うのだが、会話の内容は常に上司にチェックされている。相手がはっきりと拒絶の意思を示すまで、こちらから電話を切ってはいけないのだ。電話に出た当初は比較的優しかった相手も、断りの意志を受け流されるうちに段々イラつき始め、最終的には怒りに震えながら電話を切ることになる。

そもそも新聞を取りたい人は、自分で電話をかけて勝手に契約するのではないか。望んでいない相手に押し売りのように契約を結ばせる方法は間違っているのではないか。徐々に仕事に対する疑問が生まれたが、あえて考えないことにした。ろくにお金を稼げたこともない私の甘ったれた問題意識など何の説得力もない。

仕事への疑いを振り切った私は上司の目に真面目な男と映ったようだ。ボンクラな雰囲気の割に頑張っているというギャップも良かったかもしれない。ある時、上司に「これ、俺が営業で記録作った時に巻いてたやつ」と一本のネクタイを託された。「これ巻いて電話かけたら絶対に契約取れるから!」とニッコリ親指を立てている。

もう少し頑張ってみようと思った。

その後数日間、幸運のネクタイを巻いて電話をかけ続けた。しかし最後まで契約は取れず7日間の試用期間は終わり、あえなくクビという結果となった。「これでもう電話をかけなくて済む」が正直な心境だった。そんな私の内心も知らず、上司は「頑張ってくれてたからもっと続けさせてあげたかったんだけど、ごめんな」

と気遣ってくれる。申し訳なかった。

帰り際、上司は名案を思いついたように言った。「君、パソコンは得意じゃないの？」不得意であることを伝えると「そうか、吉田くんは頑張ってくれるから、何か他の形でも働いてほしかったんだけどな」と思ってもみないことを言ってくれる。

「できるようになったらいつでもおいでよ！」

と言われ笑顔で別れた後、新宿駅へ向かう道の途中で込み上げるものがあった。

生来、気の利かない私は、どのバイト先でもお荷物として扱われてきた。仕事に対する姿勢を評価してもらえることがこんなにうれしいものとは知らなかった。その時、どんな仕事にしろ、人に喜んでもらえるように一生懸命頑張って生きようと本気で思ったのだ。

あの日の情熱はいつの間にか遠い過去のものとなった。

確かに私は楽して儲けたい。だがそんな私の心の奥底にも美しい宝石が静かに眠っている。あの占い師もそのことだけはわかっておいてほしい。

12

東北

魂の解放を求めて2泊3日、東北一周の旅へ

日々の制作に行き詰まり、先の見えない鬱々とした毎日を送っていた。何もアイデアが湧いてこない。やる気も出ない。本を読んだり、体を動かしてみても何ひとつ改善しない。もっと根本的に、素朴で原始的な感覚に立ち返らなくては生活が先細っていく気がした。

解決策を探していた時、ジョン・レノンが取り入れていたという「プライマルスクリーム療法」を思い出した。詳細は覚えていなかったが、直訳するとプライマルは「原始」、スクリームは「叫び」。つまり、原始的に叫ぶことによって、自分でも忘れていた抑圧されていた感情が解放され、心のデトックスが行われる。ジョン・レノン

が誰もいない砂漠の真ん中で座禅を組みながら叫びまくっているイメージが想起された。そのイメージが合っているのかはわからないが、とりあえず今の自分はそういったものを欲している気がしたのだ。

音楽スタジオやカラオケボックスに行けば、全力で叫ぶこともできるだろう。だが私はそんな人工的な施設の中ではなく、何も遮るもののない自然の中で叫びたかった。半径1キロメートル以内に誰も人がいない場所で魂を解放したい。すべての雑念を忘れて思いのままに叫んでみたい。

そんな場所は東京にはない。いや、もしかしたらあるかもしれないが、もっと自然のパワーが強い場所に行きたかった。すぐに思い浮かんだのが東北だ。一度仙台でライブをした時以外、東北に行ったことはなかったが、東北の山には何か神秘的なパワーがありそうだ。そんなところでプライマルスクリームを行えば、きっと魂も解放されるだろう。意を決した私は、すぐに金券ショップで使いかけの青春18きっぷを購入し、2泊3日の旅に出発したのだった。

家を出るのが遅かったため、ようやく山形に入る頃にはもう夜になっていた。初日のうちにできるだけ北へ行こうと思っていたので山形県で最も栄えていそうな山形駅を通り過ぎ、何となく聞いたことのある新庄という地を目指す。

午後10時すぎ、電車の外は真っ暗で全く民家の明かりが見えない。窓の外が全て黒い布で覆われているかのようだった。終点の新庄に近づくにつれどんどん人が降りていき、最終的に車両には私一人となっていた。

それなりに栄えている新庄に向かっているはずなのに乗客は誰もいないし、窓の外に明かりが増える気配もない。パラレルワールドに迷い込んでいるような気がして怖くなり、電光掲示板の文字が得体の知れない謎の文字になっていないか何度も確認していたが、やがて問題なく新庄駅に着いた。

駅前の適当な安ビジネスホテルにチェックインした後、ホテルを出て近くの小さな飲み屋街を歩き、50代くらいの男性店主が一人で営んでいるような居酒屋を発見。客は誰もおらず、店主は暇そうにスポーツ新聞を読んでいる。こういう、土地に根付いた寂れた店に行くのが旅の醍醐味だ。

「お兄さん、見ない顔だねえ」

「実は今日、東京からたまたまここに来たんですよ」

12

「へえ、素敵だね」

「どこか行った方がいい場所ありますか？」

「○○は絶対行った方がいいよ」

そんな会話のシミュレーションをしてから店に入ったが、瓶ビールを飲んで餃子を食べている間、全く会話はなかった。店内にはテレビの音だけが流れ、店主はずっとスポーツ新聞を見ていた。ホテルへの帰路、明日は自分から知らない人に話しかけようと心に決めた。

翌日。日本海沿いの路線で秋田へと向かう。プライマルスクリームを行うに適した場所はないかと絶えず外の景色に目を凝らしていたが、意外とどこまで行っても民家が点在しており、全く人がいない場所は見当たらない。

数時間そうしていると秋田駅に着いたので電車を降りてみた。秋田駅前はよくある田舎のちょっと栄えた街といった感じで、特別秋田らしいものは見当たらなかった。しいて言えばきりたんぽ屋がいくつかあったくらいか。

あてもなく商店街を歩いていると、街路樹が見覚えのある白地に赤い水玉模様の布で巻かれている。そのまま進むと、道沿いの美術館で「草間彌生展」が開催されていた。やることもないし、これも何かの縁と思い入ってみた。作品を見て回りながら、なぜ自分は今、秋田まで来て草間彌生展を見ているのだろうと思った。

時間がないので青森まで行くのをあきらめ、本州を横切って岩手に向かう。山間の無人駅のようなところがあれば途中下車してプライマルスクリームをしようと思ったが、イメージ通りの駅はなかった。

比較的イメージに近い駅があっても、数時間に一本しか電車が来ないような駅で日が暮れて野宿するリスクに身を晒《さら》すのは嫌だ。結局盛岡まで行って居酒屋でホヤを食べ、近くのサウナに宿泊。翌日、宮城〜茨城経由で帰京した。

結局最後までプライマルスクリームは実行できず、ほとんど電車に乗っているだけの旅は終わった。魂は全く解放されなかった。

旅に出る前に目的地を決めるのはダサい。計画を立てず、現地に行くまで何が起きるかわからない、そんな偶発性こそ旅の醍醐味だと考えていた自分は青かった。この東北旅行を機に私は、『るるぶ』『じゃらん』などを活用し、あらかじめ有名な観光地を調べ、お得なクーポンなども手に入れてから旅に出るようになったのである。

13

西麻布

全日本3位とダンス対決という危険な賭けに出た西麻布の夜

地元の友達に誘われ、初めてクラブに行ったのは20歳前後の頃だった。連れていってもらったのは出会いを目的とした客ばかりの、いわゆる「チャラ箱」。友達は女の子に次々と声をかけ、10分もすると仲良くなっていた。羨《うらや》ましくて仕方なかったが、ゴリゴリした色黒の男たちの中で自分が場違いな存在としか思えず、一人黙ってクラブを退出。渋谷駅のシャッターにもたれて喉の限界までタバコを吸い、2時間後の始発列車を待ったのである。

数年後、鬱屈した日々を送りながら当時のことを思い出していた。あの頃は人見知りが激しく声をかけることすらできなかったが、今なら酒の力を借りて社交的になれるのではないか。そんなことを考えながらぼんやりネットを見ていた週末の夜、うってつけのクラブを発見した。西麻布にあるそのクラブは、刺激的な出会いを求める男女で常に賑《にぎ》わっているという。しかも普通のサラリーマンが多くクラブ初心者も行きやすいらしい。

奇《く》しくも今日はクラブが最も盛り上がる土曜日。すでに22時を回っているがピークタイムはこれからだ。可愛《かわい》い女の子とイチャついていたあの日の友人の姿を思い出した。俺だって一夜の恋に身を委ねたい。腹を括《くく》った私は、23時すぎの電車に一人飛び乗り、西麻布へ向かった。

六本木駅を降りて5分ほど歩いたところにそのクラブはあった。すでに20人以上の男女が並んでいる。確かに渋谷のような悪そうな客はほとんどいない。

並んで待つこと数分、やっと入場順が回ってきた。緊張しながら身分証を提示しようとしたところ、屈強な店員の口から放たれたのは無慈悲な一言だった。

「お客さん一人でしょ。このクラブ二人以上じゃないと入れないから」

どういうことだ。ネットにはそんなこと書かれてなかった。一旦《いったん》その場を離れたも

のの、やっぱり深夜に西麻布まで来てすごすご引き返すわけにはいかない。勇気を出して近くにいた見知らぬ男性に声をかけ、

「友達のふりをして一緒に入ってくれませんか」

と交渉すると、意外にすんなり承諾してくれた。

その男性は、どう見ても内向的な私が一人で深夜の西麻布に来たことに興味を持ったようだった。列に並びながらいろんな話をした。彼は私の1歳上、ブレイクダンスをやっていて、全日本で3位入賞したこともあるすごい人だった。ファッションもダンサーっぽいストリート系で洗練されている。西麻布で浮いてしまっているであろう私と気さくに話してくれる人柄に好感を持った。

再び入場順が回ってきたが、店員に、

「あんたさっきの人だよね。その辺で会った人連れてきただけでしょ」

とバレて入れてもらえなかった。今出会った人と入ったからといってなんの問題があるのかわからなかったが、決定権は向こうにあるのだから仕方がない。入場を諦め、男性にお礼を言って別れようとすると、彼は、

「行くとこ決まってないでしょ？　一緒に行こうよ」

13

と誘ってくれた。実際行く当てのなかった私は喜んで誘いに乗り、彼の馴染《なじ》みのクラブに向かうことになった。

その時、5、6人の男女の集団が突然後ろから「おお！ 健ちゃんじゃーん」と話しかけてきた。彼の知り合いだった。どうやらいつも六本木で一緒に飲んでいる仲間たちらしい。

健ちゃんと呼ばれる彼は、

「さっきそこで会ったんだけどめっちゃいいやつだから仲良くしてあげてよ！」

と私を紹介してくれたが、みんな明らかに乗り気でない。私も空気を読んでその場を去りたかったが健ちゃんの気遣いを無駄にはできず、なんとか輪に入ろうと積極的に話しかけた。会話は全く弾まなかったが、集団の数歩後ろをついていく形で同じクラブへ入った。

バーカウンターでみんなと乾杯した後も、疎外感はなくならない。留《とど》まるべきか、こっそり消えるべきか。決めかねたままひたすら酒を煽《あお》っていたその時、集団の中の一人のギャルが、

「健ちゃんダンス見せてよ！」

と言いだした。流れで私も「ダンスできる？」とたずねられた。ここかもしれない、と思った。

「まあそれなりにはできますね」

と答え、日本3位の健ちゃんとダンス対決をすることになった。

本当はダンスなど全くやったことがない。あえて自信ありげなことを言った後、めちゃくちゃレベルの低いダンスを見せたらウケると思ったのだ。危険な賭けだが、そうでもしないといつまでたっても輪に入れない。

最初に健ちゃんが10秒ほど踊った。すごかった。さすが日本3位のクオリティ。周りは「フゥー!!」と手を掲げて盛り上がり、場のテンションが一気に上がる。次は私の番だ。

踊る前に、

「ヒップホップ系でいいっすか？」

などとそれっぽいことを言っておく。緊張を高めた後の緩和。これが笑いの方程式だ。

「じゃ、いきます」

クールに言い放った後、クネクネと手足を動かしながら回転を始める。瞬間、ヤバい予感が全身を包んだが、ここで正気に戻ってはいけない。途中で変顔も追加。できるだけ滑稽に見えるよう、思いつくまま動き続けた。怖くてみんなの顔は見なかった。踊り終え、恐る恐る顔を上げる。やはり誰も笑っていなかった。空白の数秒間が過ぎた後、各々が関係ない会話を始め、私のダンスはなかったことにされた。私は人に聞こえない声で「あ、無理、ヤバいヤバい」とブツブツつぶやきながら、急いでトイレに逃げ込んだ。

心を落ち着かせて戻ってくると、クラブを出て近くのバーに移動することが決定していた。私のせいだろうか。健ちゃんは「一緒に行くよな?」と誘ってくれたが、横にいた女は「え、マジで?」ともはや本心を隠そうとさえしない。健ちゃんも決まりが悪そうにしつつ、それ以上は引き止めなかった。

彼らがいなくなってから一応数人に声をかけたがシカトされた。もう十分頑張ったじゃないか。そう自分に言ってあげたかった。クラブを出て裏道で始発を待ちながら吸ったタバコは、数年前、渋谷で吸った時と同じ味がした。

14

高松

こいつにだけは負けたくない！と初めて思った窪塚気取りのあいつ

高校生の頃、将棋部に入っていた。とは言っても、練習に参加した回数は3年間で5回にも満たない。いわゆる幽霊部員だ。将棋自体は小学生の頃からたまに遊びでやっていたが、系統的に学んだ人には全く歯が立たない。「穴熊」「矢倉囲い」などの初歩的な戦術すら理解していないレベルでは、経験者に勝つのはほぼ不可能なのだ。

そう気づいても全く練習しなかった。にもかかわらず、数箇月に1回、休日に大会が開催される時にはお呼びがかかった。将棋部員は人数が非常に少なく、同級生は私含め3人。高校として大会に出場する体を保つためには、私のようなふざけた部員も召集する必要があったのだろう。そしてそれは私にとっても好都合だった。試合に出れば、高松行きの電車の切符がもらえるからだ。

大会の開催地はいつも高松駅近くの公共施設だった。高松は私が生まれた香川県の中では頭一つ抜けて都会であり、レコード屋や古着屋も多い。私の高校から近い丸亀駅からだと電車で1時間弱、往復で1000円以上もかかる。高校生にとって1000円は大きい。1000円あれば、中古のCDが2、3枚は買える。だから、運賃を浮かせて高松まで行ける機会は非常にありがたかったのである。

大会は午前中から開催される。私の場合1試合10分もあれば負けるので、出場すべき2、3試合を昼前までにこなす。全敗して早々に出場権を喪失した私は、顧問の教師に、

「負けたので帰っていいですか」

と許可を取り、意気揚々と高松市街に繰り出すのであった。

高校という狭い社会では、同じクラスでもイケているやつと普通のやつ、暗いやつと、自然とグループ分けされていく。それでいうと、大会には各校選りすぐりの暗いやつしかいなかった。早口で面白くないことを言うオタクや、中学指定のスニーカー

14

を高校生になっても履き続けているような垢抜《あかぬ》けない者たちが期せずとも一堂に会していた。高校におけるヒエラルキー争いは心底くだらないと常々感じてはいたが、「この中だと俺も完全にイケている方だな」と思ってしまう私もまた同じ穴のムジナだった。

そうやってどこか相手を舐《な》めてはいたが、対局では必要最低限の礼儀を心がけていた。勝てるわけがないと思いつつも自分なりに真面目に考えて指していたし、対局の前後には真剣な顔を作った。

数度目に大会に参加した日のことだった。いつものようにサクサクと2回負けた私は指定された席に座り、最後になるだろう対局相手を待っていた。時間を持て余している私に気付いた相手方の教師が「おーい、もう相手待ってるぞ、早く来い」と呼ぶ。

「えー、もう対局ですかー」

とニヤニヤしながらやってきたのは、私と同じ1年生の高松高校の男だった。高松高校は香川で一番頭のいい高校である。将棋もさぞ強いことだろう。実際、対局表を見ると彼はそれまでの2試合とも勝っていた。これは早く試合が終わりそうだ。

高松
―

14

私はいつも通り神妙な顔を作って「お願いします」と挨拶をした。なのに彼は、

「はーい、お願いしまーす」

と幼児を相手にするような舐めた態度を見せている。そばにいた顧問が「お前、一応試合なんだから真剣にやれよ」と釘《くぎ》を刺すものの、そいつは「了解でーす」と言いながら他の部員に話しかけていた。

彼の余裕たっぷりの振る舞いは、将棋の実力に裏打ちされたものなのだろう。周囲の反応から見て、彼は高松高校の将棋部の中でも一目置かれているようだ。おそらく、私などは飛車と角を落としても余裕で倒せるに違いない。それでもその態度はないだろうと思った。

私がしばらく考えて自分なりに最善の手を指すと、わざわざ考えるまでもないという表情で食い気味に指してくる。私が考えている間は横の友達と談笑し、やっと私が駒を進めれば、お話にならない、とでもいうように苦笑している。私が長考に入ると、彼は近くにいた顧問に

「ちょっとジュース買ってきまーす」

と言ってどこかに行ってしまった。「片手間でやっても勝てます」と周囲にアピー

ルする道具に使われているようで極めて不快だった。

ただ、私が不快を感じた理由の本質は、彼の舐めた態度ではなかったように思う。身も蓋もないことを言うと、そいつがどう見ても暗そうなくせに調子に乗っているのがムカついたのだ。おそらく彼は、「常識やルールに縛られず自由に生きているにもかかわらず、実力がありすぎて自然と他を圧倒してしまう主人公タイプ」と自己を認識していた。『ONE PIECE』や『花の慶次』を読んだのかもしれない。もしくはドラマにおける窪塚洋介のノリに近いだろうか。

しかしいくら将棋が強かろうと、見た目や話し方から察するに、彼が普段クラスの中でダサくて面白くないグループに属しているのはまず間違いなく、彼の自己イメージと客観的印象には大きな開きがあった。将棋部という閉じた環境や周囲の優しい友人のおかげで、認識を訂正されないまま今日までやってこられたのだろう。

将棋部に入って初めて、

「こいつにだけは負けたくない」

と本気で思ったが10分もしないうちにあっけなく詰んだ。悔しさを押し殺して「参りました」と言い終わらないうちに、「はい、どうも」とクールに吐き捨て去っていく彼。

その背中に「お前、自分で思ってる感じと違うからな！」と叫びたかったが声は出なかった。私は、彼の誤った自己イメージを訂正するどころか、さらに増長させる存在にしかなれないまま終わったのだ。

その日の屈辱が尾を引き、以降、私は試合にすら参加しない１００％の幽霊部員となった。彼は今何をしているのだろう。そんなことは知る由もないが、時々あの窪塚気取りを思い出し、深夜枕に顔を埋めて足をバタバタさせる、せめてそんな感受性を現在の彼が身につけてくれていれば、あの日の私も少しは救われる。

15

渋谷

神職の資格を取った次の日、友を失い、恋が残った

色々なところで言っているが、私の実家は神社である。長男の私は、幼少時代から親族や近所の人に「早く立派な神主になれよ」と言われ続けてきた。そのたびヘラヘラしながら「そうっすねー」と受け流してきたが、大学生にもなると一層圧が高まってくる。親から電話がかかってくるたび、

「早く國學院大學に通って神職の資格を取れ」

と具体的なことを言われるようになった。

神社で働くためには神職の資格が必要だ。資格を取る方法はいくつかあるが、多くは渋谷の國學院大學か伊勢の皇學館大学に通って1カ月の研修を受ける。

15

今までは親の進言を適当にあしらってきた私だが、大学を留年し、余計に学費を払ってもらっている弱みでいよいよ無視できなくなった。ついに大学3年の春休み、気が進まない研修を受けることにしたのだ。

研修の初日から30分遅刻、幸先の悪いスタートだった。ビクビクしながら開講式が行われているホールのドアを開けると、全国各地の神社の子息が40人以上集まっていた。中には中高年もいたが、大半は私と同じ20代。それまで実家が神社という人に出会ったことがなかった私は、同じ境遇を分かち合える若者がたくさん集まっている状況に高揚した。

しかし数日研修を受けているうちに気づく。神社の子供という共通点だけで人と人はわかり合えない。真面目そうな人もいればチャラい人もいる。典型的なギャルもいた。自動車教習所のように、無作為に集められたメンバーと変わらないのだ。

そんな場でいつも「関わらない方がいい暗そうなやつ」としてスタートしてしまうのが私という人間である。日を追うごとに親しげになっていく周囲を横目に、一人本を読んだり寝たふりをして休み時間の孤独を紛らわしていた。

孤立していた私に唯一話しかけてくれたのが、新潟で神社を継ぐ予定の、2つ年上の宮崎さんという男性だった。やたら私を気にかけてくれ、1週間も経つ頃には昼食もタバコ休憩も帰り道も、いつも宮崎さんと一緒だった。宮崎さんのおかげで、朝早くから始まる厳しい研修の辛《つら》さが半減したように思う。

こんな環境で男2人が話せば自然と「この中で誰がタイプか」と下世話な話にもなる。私は博多弁が可愛《かわい》い岡野さんが気になっていた。宮崎さんは小柄で天真爛漫《らんまん》な真鍋さんがタイプだと言う。少し照れながら好みを打ち明けてくれた宮崎さんを見て、さらに友情が深まった気がした。

最初は誰からも相手にされていないように感じていた私だったが、研修も半ばを過ぎる頃から、席が近い同年代の女性グループに話しかけられるようになった。その中には、宮崎さんが気になっている真鍋さんも含まれていた。と言うより、そのグループの中で最も積極的に話しかけてきたのが真鍋さんだった。

私は第一印象で変なやつだと思われやすい。そしてなんと、彼女は変な人が好きらしく、元彼が私に似ているとも言ってきた。これはもはや好意を示されていると言ってしまっていいのではないか。

15

女性経験がゼロに等しかった私は、あっという間に真鍋さんに惹《ひ》かれるようになり、岡野さんの博多弁などどうでもよくなった。

数日もしないうち、家に帰ってもずっと真鍋さんのことを考えてしまう腑《ふ》抜けた状態になった。研修終盤には真鍋さんからメールアドレスを聞かれ、やりとりをするようになる。遅刻の多い私のために朝メールを入れてくれたりもした。研修が終わったら2人で打ち上げをしようと誘われた。

だが宮崎さんに対しては、自分はまだ博多弁の岡野さんが好きと言い続けてもいた。不誠実な態度だと思う。しかし言い訳をさせてもらうなら、友人が好んでいる相手から好意を持たれた経験がなく、対応の仕方がわからなかったのだ。

そうこうしているうちに1カ月の研修は終了。遅刻が多かった私も、教官の温情もありなんとか資格を取得することができた。

閉校式が終わったその足で宮崎さんと一緒に渋谷駅高架下の飲み屋に繰り出した。教官や気に食わない研修生の悪口で盛り上がり、高まったテンションのまま道玄坂の風俗店に行き互いの友情を確かめ合った。

すっかり上機嫌になった私たちは、

「また飲み行こうな！」

「絶対行きましょう！」

とガッチリ握手を交わしそれぞれの家路へ。宮崎さんは今後実家のある新潟に住むと言う。なかなか簡単には会えないだろうが、本当にまた会いたいと思った。

15

そして翌日は真鍋さんとの打ち上げである。私の最寄りの阿佐ケ谷駅に近いチェーン居酒屋へ。酒が入るうちに話は核心に近づき、勢いで好意を伝えると、やはり真鍋さんの方も私を好いていてくれたことがわかった。こんなにスムーズにいくことがあっていいのか。自然と私の家に泊まる流れになり、そのままトントン拍子で付き合うことになった。

翌朝目覚めると、メールが届いていた。宮崎さんからだった。寝ぼけ眼のまま開いたメールには、

「いま真鍋といるんだろ。昨日はさぞ楽しかっただろうな」

と書かれていた。

恐怖で一瞬にして眠気が飛んだ。思わず家の前や窓の外を確認するが不審な影はな

い。宮崎さんはどの段階から私たちが飲みにいくことを知っていたのだろう。気が動転したままシラを切るメールを送ったが、以後二度と宮崎さんからの返信はなかった。

16

新宿御苑前

岡村＆小出。その夢のようなセッションを見ていた夜

私のような一般的に認知度の低いインディー・バンドマンでも、たまにはメジャーなミュージシャンとかかわる機会がある。特に印象に残っているのは、岡村靖幸さん、Base Ball Bearの小出祐介さんと一緒に飲みに行った夜だ。

そもそものきっかけは、お二人がレギュラーMCをしているラジオ番組に呼んでもらったことだった。小出さんがたまにメディアで私たちのバンド名を出してくれているのは知っていたが、そのラジオ出演で初めてお会いすることができた。

番組中、私たちについて小出さんが岡村さんに説明する流れで、身に余るほどたくさん褒めてもらって気持ちよかった。一緒

に飲みに行きましょうと誘ってもらえた。でも収録中の誘いを真に受けてはいけない。大抵は場を盛り上げる社交辞令でしかないからだ。実際、以前出演したラジオ番組で、ＭＣのタレントに「吉田さん仲良くなれそうです！　飲みに行きましょう！」と言われたものの、特に何も起きなかったことがある。しかし小出さんは収録後すぐ「飲みに行く日決めましょう」と連絡先を交換し、岡村さんとのグループラインも作ってくれた。誠実な人だった。

数週間後に実現した飲み会。四ツ谷にあるお二人行きつけの店に連れていってもらった。ビビって何も喋《しゃべ》れなくなるのではという危惧があったが、お二人のフランクさと酒が入ると調子に乗る性分のおかげで、緊張することもなく楽しい時間を過ごした。

そのまま2軒目の居酒屋へ移動し空気が温まりきった頃、岡村さんが、

「楽器が弾けるような飲み屋に行きたい」

と言いだした。歌いたくなったらしい。普通の人ならカラオケに行きたいと言うところ、さすがミュージシャンである。

そして私はたまたま、まさに岡村さんが求めているような店を知っていた。新宿御

16

苑前にあるそのバーにはギターやベース、ピアノなど楽器が常備され、誰でも手ぶらで行って自由に演奏を楽しめる。そのバーの向かいのスナックでバイトをしていた時、何度かお客さんに連れていってもらったことがあった。

四ツ谷から新宿御苑前に移動し店に入ると、50代の常連客と思《おぼ》しき数名が中島みゆきをギターで歌って楽しんでいた。最初は常連客と一緒に盛り上がり、私たちには無愛想なマスターだったが、「あれ岡村ちゃんじゃない?」とヒソヒソと話すお客さんの声を聞いたのか急に接客が丁寧になった気がした。

そうだ。この人たちはすごい人なんだ。便乗して少し気が大きくなっている自分が嫌だった。

やがて岡村さんがギターを摑《つか》んで小さなステージに上がって歌いだすと、黙って酒を飲んでいたお客さんも声援を送り盛り上がっていた。手ぶらでやってきて、気まぐれに歌うだけで人を楽しませることができるとはなんて素敵なことだろう。岡村さん特有のファンキーなギターカッティングと特徴的な歌い方を生で見て興奮した。

1曲目が終わる頃、小出さんもステージに上がる。アコギのセッションが始まると、オーディエンスはさらに沸き立った。流れから聞き覚えのあるフレーズへ。

これは。岡村さんと小出さん共作の「愛はおしゃれじゃない」だ。友達がよくカラオケで歌っていた曲だ。本人たちが歌う姿を間近で見るありがたみに実感が追いつかなかったが、とりあえず「東京ってすげえな」と思った。

曲が終わってもセッションは続く。私は興奮して二人のステージを見ながら、同時に二人からこちらの様子を見られていることにプレッシャーを感じてもいた。それっぽく首でリズムを取り体を揺らしているが、このリアクションで正解なのだろうか。もっと「フーッ!!」とか「イェー!!」とか言った方がいいのか。

そんなことを考えている時、岡村さんがギターをかき鳴らしながらジッとこちらを見た。もっと盛り上がれということか。それに応えるように、さらに大きく、できるだけ音楽的に体を揺らした。勇気を出し「フーッ!」とも言ってみた。思ったより声が出なかったが、岡村さんは目をそらしてまた音楽に没入し始めたので、多分これで良かったんだろう。

20分にわたるセッションの間、私はノリの良い反応を意識し、体を揺らし続けた。二人がステージを降りると、たまたま居合わせた数人のオーディエンスからは惜しみない拍手が送られ、そのまま場はお開きとなった。

帰る方向が同じだった小出さんと私は一緒にタクシーに乗り込んだ。演奏を聴いた興奮が残るテンションのまま今日のお礼を伝えると、「ていうかさ」と小出さんが言った。

「なんでセッション入ってこなかったの？」

虚を突かれた思いがした。私は二人のステージを眺めながら「こりゃすごいもん見れたわ」としか思っておらず、自分がそのセッションに混じる気など毛頭なかったのだ。

「岡村さんも『入ってこい』って感じ出してたのに」

そういえば岡村さんはかなりこっちを見ていた。自分も人前で音楽をやっているにもかかわらず、体に馴染《なじ》みきっている傍観者精神に気付かされハッとした。

長年バンドをやっているが、あまりセッションというものをしたことがない。私がいきなり二人に混じったとして演奏の邪魔になるようなことしかできなかっただろう。しかし技術云々《うんぬん》の前に、ステージに立つ人間と立たない人間の心構えの差というものがある。小出さんと別れた後、酔いが回った頭のまま、そういうのって先天的なものなのかな、などとぼんやり考えながら歩いた。

17

善通寺

ボルダリングジムで出会った、気持ちいい若者と気まずい時間

地元の香川で、車で栄えた街へ行く時にいつも通る国道がある。国道は善通寺市を通過する。昔、祖父母が住んでいたのでよく遊びに行った場所だ。今では道沿いの店が様変わりしていて、子供の頃憧れていたレンタルビデオ屋も古本屋もない。

数年前に帰省した際、靴流通センターだった建物がボルダリングジムに改装されていることに気づいた。その頃、私は体を鍛えるため実家に帰るたびに公共トレーニングジムに通っていた。だが単純な筋トレは苦しく長続きしない。スポーツ感覚で楽しみながらいつのまにか体が鍛えられていた、そういう状態を求めていた。

気になっていたのが人気拡大中のボルダリングだった。これがすでに入ってきているとは香川も捨てたものではない。ものは試しと、一緒に筋トレに通っていた幼馴染《なじ》みを誘い行ってみることにした。

夜8時、友達の運転でジムに到着したものの、ガラス戸から店内の様子を見て入るのをためらった。常連と思われる7、8人の活発そうな若者たちが仲良く談笑し、ボルダリングを楽しんでいる。常連間のつながりが強そうだ。私たちが入った途端に場が静かになったらどうしよう。私と似たメンタリティの友達も、車のスピードを落とし、中をうかがいながらジムの前を何往復もしていた。しかしわざわざ30分かけてやってきたのだ。お互いを励まし合い、意を決して店の扉を開いた。若者たちは特に私たちを気にする様子もなく、そのまま談笑を続けていた。

私も友達もボルダリングは初めてだ。できるだけ若者の集団から離れ、適当に初心者用っぽい壁を登っていたら、集団の中の1人がこちらに近寄ってくる。何か文句を言われるのではないかと身構えたが、彼は、

「ボルダリング初めて?」

と気さくに話しかけてきた。少しホッとして、

17

「初心者で何もわからないんですよね～」

とヘラヘラ答えると、同じ色の岩を小さく書いてある番号の順番で登るんだよ、と教えてくれた。なるほど。全然知らなかった。言われた通りに登っている時も、

「もうちょい右手伸ばせば摑《つか》めるよ」

「そこは片手で持たなきゃいけないけど頑張って！」

と逐一アドバイスをくれる。何のことはない、若者は単にいいやつだった。変に構えていた自分が恥ずかしい。


彼はその後も、まるで店員のように私たちに付き添ってくれた。おかげで基本的な知識が身につき、だんだん楽しくなってきた。ありがたい。ただ一つ、少しだけ気になったのは、敬語で話す私たちに対し、彼が終始タメ口をきいていた点だ。

私の見たところ、彼はおそらく私たちより3つか4つ年下だった。私たちも礼儀に細かい方ではないし、若者が我々をバカにしているわけではないとわかっていたので嫌な気はしなかった。ただ、彼は私たちを年下だと思って話している気がする。私の不安は、実は私たちの方が年上だったと彼が途中で気づいたら気まずいな、というこ

とだった。

1時間以上いろいろなコースにチャレンジし、手が疲れて登れなくなってきたあたりで私と友達はベンチに座り休憩をとった。初めてにしてはけっこう頑張った気がする。もうちょっと登ったら帰るか、と話していたところに先ほどの彼がまたやってきた。

「初めてだからけっこう疲れたでしょ！」

「そうですね～もう手に力入んないっス」

笑っていると「ていうか、今日はどこから来たの？」「なんの仕事してるの？」と世間話を振ってきた。まずい流れだ。適当に受け答えしているうち、恐れていた質問がついに彼の口から出た。

「ていうか2人はいくつなの？」

サバを読むべきか一瞬迷ったが、辻褄《つじつま》が合わなくなるのを恐れ、結局は正直に「俺らは28歳です」と答えた。流れ上、聞き返さないと不自然かと思い、

「お兄さんはおいくつですか？」

と尋ねる。一瞬の空白の後、彼は「俺は24歳」と答えた。

完全に予想通りの年齢だった。なんであんな疑いなく年上の感じでこれたんだ。でも、もしかしたらこの人は、年齢に関係なくタメ口を使うフランクなタイプかもしれない。いや、そうであってほしい。

あともうちょいだけやって帰ります、と言って壁に登っていると、相変わらずアドバイスを送ってくれた。

「先に右の石握ったほうがいい」

よかった。一瞬変な雰囲気はあったが、今まで通りタメ口で行くことになったみたいだ。

「そのコースは上級者でも難しい……」

少し違和感があった。

「足つっぱらないと届かない………」

だんだん語尾が弱くなっている気がする。壁を上まで登り、下に降りて若者に近づいた時。気づいてしまった。

「今のかなりいい感じだった……ッス…」

17

—

間違いない。聞こえるか聞こえないかくらいの空気のかすれ音。だが確実に意図を持った形で、語尾にさっきはなかった「……ッス…」が付け加えられている。敬語だ。彼は今、できるだけさりげなくタメ口から敬語に移行しようとしている。そんなグラデーション的に敬語へ切り替えるのは無理があるんじゃないか。

「最初に比べたらかなり上手《うま》くなった……ッス…」

やめてくれ。タメ口と敬語の狭間《はざま》の懊悩《おうのう》が伝わってくる。若者の言葉が完全な敬語に変わってしまう前にと、私たちは早々にジムを去ることにした。

車に乗り込んでドアを閉め、「聞こえた?」「聞こえたよな!?」と「……ッス…」の存在を友達と確認し合った。ボルダリングも楽しかったし若者もいいやつだったけどもう顔を合わせられないなあ、と少し寂しい気持ちを抱えながら夜の道を走った。

18

品川

絶対向いてないIT企業に就職し、1年半辞めることだけ考えた

できるだけ労働を避けて生きてきた私だが、過去に一度だけ就職したことがある。五反田の小さなIT企業にシステムエンジニアとして新卒採用されたのだ。プログラミングの知識も経験も全くなかった。まあ働き始めれば何とかなるだろうという考えは甘かったようだ。

入社後しばらくの間、自社で「java」という プログラミング言語の研修を受けたが、同期の4人が当たり前に理解していることが自分には全く理解できない。教科書を持ち帰って勉強しても本当に意味がわからない。不毛な1カ月が過ぎ、入社時から全く成長していない状態のまま現場に飛ばされ

18

た。

上司からプログラムのコードを渡され「ここ直しといて」と言われても、おそらく簡単な処理なのだろうが、何もできない。質問して教えてもらっても、言われていることがわからない。「え、どういうことですか?」と2、3回聞くあたりまでは丁寧に教えてくれるが、5回くらい要領を得ない質問を繰り返しているうちに上司の目が不審者を見るものに変わっていく。

多分上司からすれば「ちょっと風呂を沸かしといてくれ」レベルのことを頼んでいたのだと思う。それに「どういうことですか?」と聞き続けられたら人は苛立《いらだ》ちを通り越して不安な気持ちになるようで、そういう顔を上司はしていた。それ以上質問を繰り返すことに耐えきれず「頑張ってみます!」と言って自席に戻るも、もちろん何ともならず、最終的には上司に仕事を肩代わりしてもらうことが多々あった。

それでも、無理やり働き続けていれば徐々に仕事が呑《の》み込めていくのかと思っていたが、1年以上経ってもほとんど同じ状況だった。これはもう経験とか努力とかの問題ではなく、自分はプログラミング的なものを理解する能力に〝特殊な欠陥〟を抱えているのだと確信した。

異常に図太い人でない限り、役立たずのまま働き続けることにはかなりの苦痛を感じるはずだ。毎日仕事を辞めたくて仕方なかったが、上司にそれを伝える勇気はなかった。上司はいつも飲み会で、

「未経験の新人を雇うのは会社にとって投資のようなもので、最低でも3年は働いてもらわないと赤字になる。頑張ってくれよ」

と釘《くぎ》を刺してきた。雇ってくれた会社に対してそれなりに恩義を感じていたし、上司たちも基本的には皆いい人だったので期待を裏切るのが怖かった。

茅場町、国領、東銀座。いろんな現場に派遣されるたびに、仕事が嫌すぎてその街が嫌いになっていく。最も嫌いになった街は、一番長く働いた品川だ。サラリーマンしかおらず、なんて人工的でつまらない街だと思った。

品川での仕事自体は割と暇だった。仕事を振られることに怯《おび》えつつ、ウィキペディアを見たり喫煙所に居座ってダラダラしながら、どうすれば摩擦を起こさず辞められるかばかり考えていた。

いっそクビにしてもらえたらどれだけ楽だろう。しかしただ無能なだけでは日本の

18

会社はクビにできないらしい。それでも何とかクビにしてもらう方法を自分なりに考えた中では、「酒場で揉《も》め事を起こす」というアイデアが最も実現しやすそうに思えた。安い居酒屋で飲んでいたら、酔っ払いに軽くいちゃもんをつけられることが稀《まれ》にある。今までの自分だったら適当にヘラヘラして受け流し、後で友達に愚痴を吐くくらいで終わっていただろうが、もしそこで退かずに「何だこの野郎」と言い返したらどうなるだろう。

いかにも気弱そうなやつに思いがけず反抗された酔っ払いは逆上し、殴ってくるかもしれない。そうなったら、こちらも大義を持って殴り返せる。その後ボコボコにされたとしても構わない。

私たちはその後、店員からの通報を受けた警察にしょっぴかれ、会社にも連絡が行く。社長との面談になり、「喧嘩《けんか》を吹っかけてきたのは向こうだと聞いてるけど、会社としてはクビにするしかないんだ。悪いな……」と同情的な雰囲気でクビにしてくれるのではないか。

そのアイデアを実現しようと、居酒屋に行くたびにギラギラした目で周りを見渡していた。しかし理由もなく喧嘩を売ってくるような気のおかしいやつはそうそういないようで、何のトラブルも起きないまま日々は過ぎていった。

いつの間にか品川の現場案件は終わりに近づいていた。一刻も早く辞めないと、新たな現場に飛ばされてしまう。そうなったらさらに辞めづらくなる。酒場での喧嘩を待てなくなった私は、喫煙所でいつも愚痴を聞いてもらっていた同期の伊澤くんの力を借りることにした。明日の朝いつもより2時間早く、7時半に品川駅に集まって、上司にメールを送る時そばにいて勇気付けてくれないか、と。

翌朝寝坊した私が8時半ごろ駅につくと、伊澤君は、

「お前ふざけんなよ！」

と笑いながら待ってくれていた。私はワンカップの酒を飲み干して気合を入れ、

「出社後お話があるので少しお時間いただけますでしょうか」

と携帯に打ち込み、2人でカウントダウンをして「うおーー!!」と叫び送信ボタンを押した。興奮のまま伊澤くんとハイタッチを交わした。

ついにやった。あんなに嫌いだった品川の景色が朝の光に照らされて綺麗《きれい》だった。1年半の仕事で一度も感じたことのない達成感に包まれ、談笑しながら会社へ向かう。

品川

—

俺だってできるじゃないか。これからの人生に幾多の困難が降りかかろうとも、きっと自分の手で未来を切り開いていける、そんな気がした。

19

歌舞伎町

客引きたちは、なぜ私にだけ寄ってくるのだろう？

自分は他人に軽んじられやすい方だと思う。それを初めて認識したのは小学校低学年の頃。仲の良い友達の家に遊びに行ったら、別に親しくなかった同級生も来ていて、皆で鬼ごっこをすることになった。その同級生に「お前、どこ住んどん？」と尋ねられたので自分の地区を教え、その後で「お前は？」と聞き返した。彼は「俺はこの近くやで」と答えながら、どこか釈然としない顔をしていた。

鬼ごっこをしている途中、タッチが当たったかどうかという議論になった。「お前の手、絶対届いてなかったやん」「いや、届いとったって」「服にかすっただけやろ」

「いや、ちゃんと当たっとったし」「嘘《うそ》つくなよお前〜」などと言い合いしていたとき、彼は一瞬ためらった後、少し言いづらそうに、

「ていうか、お前って言うのやめろや」

と言った。それまでずっと気になっていたのを我慢していたようだった。

でもそいつだって私のことをお前と呼んでいたし、同い年だし、私だけが「〇〇くん」と呼ばなければならない道理はない。他の友達だってそいつのことをお前、と呼んでいた。私にお前と言われるのだけは例外的に気に触るということか。

私は対等に話すだけでも一定数の人間から違和感を抱かれてしまう性質を持っているかもしれない、とその時感じた。

そんな出来事を思い出したのは約20年後、歌舞伎町で客引きに絡まれたからである。

私はその日、友人のライブを見るため歌舞伎町の奥にある『新宿Motion』というライブハウスに向かっていた。ドンキ横の通り、歌舞伎町のメインストリートを歩いていると、いつものように飲み屋や風俗の客引きが声をかけてくる。酒が入って気分がいい時は「大丈夫っス」などと片手を上げて断ることもあるが、テンションが低いときは基本的に無視だ。が、すぐに次の客引きが寄ってくる。

19

「お兄さん、飲み放題どうですか？」

その客引きはなぜか諦めが悪かった。「割引もできるんで」「すぐ近くの居酒屋です」としつこい。軽く会釈をして断りの意を表してもずっとついてくる。それどころか客引きの口調はいつのまにかタメ口になり、言葉の端々に苛立《いらだ》ちが滲み出ていた。

「いや、ちょっと待てってて、なあ」

歩きながらチラッと顔を見る。色黒で背が高くごつい。少しビビって歩く速度を上げても、「おい」「無視してんじゃねえよ」と早足で追ってくる。声をかけられた地点から50メートルは進んでいる。異常な執念だ。しまいには、

「舐《な》めてんのかお前、ああ!?」

と私の背中に拳を当て、グリグリと押し付けてきた。客引きの顔は怒りに歪《ゆが》み、今にも裏道に連れていかれそうだった。

「い、行くところがあるので」と震える声を絞り出した瞬間、少し泣きそうになっている自分に気づいた。私がビビっているのを見て多少心が満たされたのか、客引きはチッと舌打ちをしながら去っていった。

なんなんだ一体。なんでそんなに俺に固執するんだ。

19

確かに私は客引きを無視した。しかし、客引きなんて半分くらいは無視されるものだろう。今まで数え切れないほど無視されてきたはずなのに何がそれほどまで彼の怒りを掻《か》き立てたのか。やっぱり、私の生まれ持った舐められやすさが原因としか思えない。対等以上の相手から邪険に扱われるのは許せても、明らかに自分より劣っているボンクラ野郎に同じことをされると腹が立つ、人間とはそういう生き物である。

そもそも、客引きされる時点で少し舐められているのかもしれない。明らかに強そうな人やモテそうな人に、風俗の客引きはほとんど寄ってこないと最近聞いた。

それを聞いてまた思い出した。7～8年前、これも歌舞伎町の区役所裏の通りを歩いていた時のこと。

「可愛《かわい》い子いますよ」

「おっぱいどうですか！」

「いちゃキャバ、行っちゃいますか！」

と、その場にいた5、6人の客引き全員が一斉に私めがけて声をかけてきたことがある。みんなから求められている気がして一瞬うれしくなってしまったが、他にもたくさんの男が歩いているにもかかわらず、なぜ私に集まってきたのか。

きっと客引きだって仕事である以上ただ漫然と声をかけているわけではなく、少しでも入店する可能性の高そうな人に優先して声をかけている。ある程度データを集めてきたであろう彼らの目に、私は格好の獲物、要するにめちゃくちゃ性的に不満足な男として映ったということだ。どう考えても不名誉なことであった。

例えば福山雅治のような人が歌舞伎町を歩いていてもあまり客引きが寄ってこないはずだ。逆にそんな男前が原宿を歩いたら、たちまち芸能スカウトやファッションスナップのカメラマンが押し寄せてくる。私が竹下通りと表参道を数十セット往復しても何も起こらない。そういうことだ。何もしなくても、知らぬ間に他人から見定められている。客引きからは「欲求不満そうなやつ発見」と思われ、スカウトからは「その他」として処理されている。私はただ歩いているだけなのに。

最近は、歌舞伎町に行くときは背筋を伸ばし、肩で風を切るようなイメージで歩いている。そうすると、客引きに声をかけられる率が少し下がるような気がするのだ。私なりに、評価されることから逃れられない世界と対峙《たいじ》しながら前に進む術を探っている途中である。

20

足利

撮影現場の女性スタッフ2名と東京まで帰る、長い2時間

役者として映画やドラマの撮影に参加したことが何度かある。正しい演技の仕方も役者の醍醐味も今のところよくわからないが、とりあえず仕事として楽しい部類であるのは間違いない。

撮影中、寒い日は周りがサッカーの控えが着るようなベンチコートを着せてくれたり、温かいお茶を持ってきてくれたりする。恐縮しつつも、慣れないVIP待遇がうれしい。ドラマに出たと言うとガールズバーなどの店員が一目置いてくれることもある。

そんな至れり尽くせりの仕事だが、唯一の悩みのタネが人との接し方。共演者やスタッフとの正しい距離感がわからず、控室

で台本に集中しているふりをして殻にこもってしまう。年齢を重ねてそれなりに社交性を身につけたつもりになっていたが、初対面の数十人と一定期間仕事をすると、思春期の頃とそう変わらないコミュ力不足が露呈された。

都内だと場所が押さえにくいのだろう、撮影は東京から電車で1〜2時間ほどの近県で行われることが多い。その日は栃木県足利市で行われる撮影に参加して2日目、1シーンだけの撮影は1時間程度で終わり、帰りは撮影地から最寄りの足利市駅までマイクロバスで送ってもらうことになった。

次の現場へ移動する女性ADさん、メイクさんとマイクロバスで乗り合わせた。2人はそれなりに仲が良いようで、気安い世間話をしている。

私は離れた座席で会話を聞きながら、この後のシミュレーションを始めていた。駅前で車を降りてからも2人の近くにいたら、東京まで一緒に帰ろうとしている雰囲気が出てしまうだろう。そんな状況は向こうも私も望んでない。顔見知り程度のスタッフさんと東京まで2時間、楽しく過ごす力を私は持たない。だから駅に着いたら速やかに2人から離れる必要があった。

20

新宿や渋谷など見知った場所なら、「ちょっと寄っていくところがあるので」と適当な理由をつけ自然に別れることもできる。しかし縁もゆかりもない足利で用事などあるはずもない。離れる口実を思いつく前に駅で降ろされ、中途半端な距離感のまま改札まで来てしまった。足利市駅から東京方面への電車は20分間隔、同じ電車に乗るのは明らかだったが、私は改札前に着くと、

「じゃ、おつかれさまです！」

と挨拶をした。

「急に何？」

という顔の2人を振り返ることなく改札に入って速歩きで階段を上がり、ホームの一番端へ到達。同じ電車に乗るにしてもここまでは来ないだろう。かなり不自然な別れ方になってしまったが、東京まで乗り合わせるよりはマシだ。

10分ほど待っているとホームに電車がやってきたが、思ったより編成が短い。私のいる場所よりかなり手前で止まった。急いで先頭車両へ向かうと、乗車待ちで並んでいた2人と会ってしまった。

今までの工作が台無しだ。「あ、ここに並んでたんですね」と白々しい台詞《せりふ》を吐き

―20―


ながら一緒に乗り込む。ここまで来たら離れた席に座るのも感じが悪いだろうと、2人の隣に横並びで座った。

序盤は自ら話を振るなど頑張ってみたものの、つまらなかったのか、真ん中に座るメイクさんの体幹が少しずつ私と反対側へ向いていき、10分も経たないうちに私以外の2人で話す体勢が固定されてしまった。

だから、こうなるのが嫌だったんだ。

東京までに2回の乗り換えがある。私は黙って景色を眺めつつ、15分後の乗り換えポイントで2人と自然に別れる方法を探っていた。

最初の乗換駅である館林に着いた。私は2人が降車した後でできるだけゆっくりと降り、ホームに立ち止まった。スマホと電光掲示板を交互に見ながら、

「あれ、おかしいな。あ、なるほど、そういうことか」

と何かを確認するふりをして2人の背中が離れていくのを待っていたら親切なADさんが振り返って、

「乗り換えこっちですよ」

と方向を示してくれた。「あ、そっちか」とうっすら演技を続けながら、数歩後ろ

をついていくしかなかった。

「また横に座ってくるのかよ」と思われるのは嫌だったが、離れた席に座るのも大人としてどうなのだろう。逡巡《しゅんじゅん》していたら、2人から0・8席分空けて横に座るという、内面の葛藤が表出した不自然な位置取りをしていた。

数駅後に老人が間に座って壁ができ、おかげで堂々とスマホを見やすくなったが、中途半端に間隔を空けていた事実がはっきりと形になってしまった。

数十分後、再び乗り換えの久喜駅でSuicaの残高が足りず改札に引っかかっていると、今度は2人とも私を待つことなく、スタスタと先へ行き見えなくなった。念のため数分間辺りをうろつき、便を一本見送る。


やっと終わった。それはいいが、次の撮影で会ったときどんな顔をすればいいのだろう。この気まずい距離感に気づかないふりをしたまま今後数週間やっていける気がしない。

私は踏み込むことにした。

次の撮影でADさんと再会したとき、できるだけ明るく、

「この前一緒に帰ったとき正直気まずかったですよね～！」

と自ら繊細な部分をさらけ出したのだ。しかしＡＤさんはピンときていない表情で
「ああ……ハハハ」

とわかりやすい愛想笑いを残し、逃げるように向こうへ去った。

残された私は廊下に佇《たたず》み、果たしてこの撮影を最後までやり遂げることができるだろうかと不安に包まれていた。

21

下落合

ベテラン警官から受けた、高圧的職務質問が忘れられない

警官からの職務質問、いわゆる職質を受けたことが過去に4、5回ある。

職質を受けるということは、「こいつは何らかの罪を犯しているのではないか」と疑われているということだ。警官は疑うのが仕事なので仕方がないとは思うが、やはり人から疑われるのはいい気がしない。

しかし警官のそういった活動のおかげで日本の治安が守られているのだろう。なので私は職質されても変に不機嫌な顔をせず、穏やかに微笑《ほほえ》みながらポケットの中身を見せる。2〜3分も普通に対応していれば何事もなく解放される。

そんな善良な一般市民の私でも腹が立ち

過ぎて「逆に悪いことしてあいつらを困らせたい」と非行少年のような気持ちを抱いたほどの、忘れられない職質が一度だけあった。

あれは20代前半、サラリーマンとして小さなIT企業に勤めていた時期だった。仕事終わりに同期と飲んで日々のストレスを発散し、上機嫌で歩いていた帰り道。時刻は24時すぎだっただろうか、あと数十メートルも歩けば家に着くという路地に警官が3人ほど固まっていた。

年配の警官が部下に指示を出している。無線で忙《せわ》しなく連絡を取っている警官もおり、何やら切迫した雰囲気が漂っていた。駅から少し離れた静かな住宅街には珍しい光景だ。何か事件でもあったのかと下衆《げす》な好奇心が湧いてくるのを抑えながら横を通り過ぎようとしたら、

「すいません、少しお時間いいですか」

と若い警官に呼び止められた。現場付近住民への聞き込み調査の一環かと思ったが、「年齢はおいくつですか?」「お仕事帰りですか?」と丁寧ではあるが個人的な質問をされたところで、あ、俺自体がなんかの犯人だと疑われてる?と気づいた。

少しモヤモヤしたが、まともに答えていればすぐに疑いは晴れるだろう。気持ちを切り替え従順に対応していた時、もう一人の若手警官が数メートル離れた場所に移動し、無線に話しかける声が聞こえた。

「サラリーマン風の男、確保しました！」

俺は確保されていたのか。多少は疑われている自覚があったが、連絡を取っている警官の手柄を収めたようなテンションからして、思ったより強く疑われているようだ。「サラリーマン風の男」という、なんらかの容疑者に対してしか使われない日本語も耳に残った。このスーツは変装と思われているということか。

数分のうちに、白いチャリに乗った警官たちが続々と駆けつけてきた。計7人ほどの警官が集まった頃。さっきから若手と私の会話をじっと見つめていた年配のベテラン警官が一通り情報を集め終えたような顔で割り込んできた。

「ついにヤマさん（仮名）が動いたよ」

という顔で一歩後ろに下がる若手。ベテラン警官は初手から「この辺で事件あったんだけどさあ、知ってること教えてもらえる？」と直接的な質問をぶっ込んできた。

若手警官たちがやり取りをチラチラ見ている。先輩の職質から学びを得ようとして

21

いるのか。何があったんですかと聞けば、要は下半身を露出した変質者が辺りに出没する事件が起きているとのこと。舐《な》められたものだ。疑われるにしてももう少しかっこいい悪党に疑われたかった。

「俺の目を見て答えて?」

ベテラン警官は若手よりも幾分高圧的な態度で接してきて嫌だった。ビビりと不安が顔に出ないよう気をつけていたら、

「まっすぐ俺の目見ながら答えて」

とさらに強要してくる。

ギンギンの目で見てくる相手と近距離で目を合わせて話すのはなかなかのストレスだ。なんとか頑張って質問に答えているにもかかわらず、警官は、

「ああ、そうなんだ」「なるほどね」

と聞いているのかいないのかわからない反応で受け流すだけ。しばらくの受け答えの後、これもう本当のこと言っちゃうけど、というように重々しい口調で、警官は言った。

「あのさあ、俺も長いことこの仕事やってるから、目見たら嘘《うそ》ついてるかどうかすぐ

わかるんだよね」

なんなんだこいつはマジで。お前にそんな人を見抜く力があるんなら俺はもう解放されてるんだよ。節穴が。さすがに苛立《いらだ》ちを隠すのが馬鹿らしくなって、

「一緒に飲んでた同僚に電話するんで聞いてみてくださいよ!」

と初めて強めに反論してみても、ベテラン警官は私の言葉には興味を持たず相変わらず挙動だけを心理学的に分析しているようで、その俯瞰《ふかん》した態度が何とも腹立たしい。

そこから20~30分ほど拘束された後、当然だが証拠が不十分だったのだろう、ようやく解放された。

若手警官が「お時間取らせてしまってすいません!」と申し訳なさそうに謝ってくれている横で、ベテランだけは古畑任三郎がヒントを摑《つか》んだ時のような表情で俯《うつむ》き加減にほくそ笑みながら何も言わなかった。

家に帰り着いてもベテラン警官の顔を思い出したら腹が立って仕方がなかったが、それでも布団に入る頃にはいくらか気持ちも落ち着いてきた。

警官との会話を反芻《はんすう》しながら、会社でずっと仕事をしているふりをするだけの給料泥棒のような私に対して「サラリーマン風の男」という表現は意外と言い得て妙かもしれないな、などとも思った。

22

—

高円寺

受験生の私に、あんた、ええ加減にしなよ！と姉は言った

大学受験の時期、滑り止めなども含めて2週間ほど東京に滞在する必要があった。

ちょうどその頃10歳上の姉が東京で会社員をしていたので、しばらく姉の住む高円寺のアパートに泊めてもらうことになった。東京に行ける時点でワクワクしていたが、雑誌「たのしい中央線」や大槻ケンヂのエッセイでよく見た高円寺で短期間でも暮らせるというのは、私にとって現実離れしてうれしいことだった。

同じく東京の大学を受験するクラスメート3人と羽田に着き、モノレールで浜松町に向かうと東京タワーが見えた。誰からともなく、せっかくだから昇っていこうか、

ということになった。

　安い方の展望台に昇り、３６０度の景色を見渡す。

「いやあ、東京って感じやなあ！」「大学受かったらマジでここに住むんやで」「ほんま絶対受かろな」互いに鼓舞し合い、頑張ってきた成果を全て受験にぶつけることを誓う。友人たちと別れ、やる気が漲《みなぎ》った状態で高円寺に向かった。

　高円寺駅に着くと姉が迎えにきてくれた。久しぶりに会う姉に実家の近況などを話しながら『天下一品』のラーメンを食べる。そのまま姉の家に着き、移動疲れでダラっと壁にもたれて座っていたところ、姉は極力こちらに違和感を抱かせまいとするような何気ない話し方で言った。

「あ、そうや。お母さんからお金もらってきた？」

　面倒な話になる予感がした。

「え、何のお金？」

「しばらく私の家におることになるやん。そのためのお金」

「あ、お金かかるんや？」

　その言い方が姉の気に障ったようだった。

22

「あんたは社会に出てないからわからんかもしれんけどな。人の家にしばらく住まわせてもらうってことはタダでは済まんことなんやで」といきなり怒りを露わにし始めた。

「光熱費とか水道代やってかかっとんやで！」

何か言うと姉を刺激してしまいそうだった。

「ちなみにいくら払えばええん？」

「2週間やったら6万……いや少なくとも5万やな」

その最初に少し高めの値段を提示するやり方に不信感を持った私は、そもそも抱いていた「ただの知り合いやったらそんなんせないかんかもしれんけど、家族やったら別にええんちゃうん？」という正直な思いを口にした。

姉は「あんたな、それはちゃうで。家族やからこそ、そういうところしっかりしとかないかんのや」と真っ直ぐな目で答えた。

早く話を終わらせたかったので「わかったお母さんに聞いとくわ」とその場をしのいだ。

ふと姉が中学生のとき2000円くらいしそうなウォーリーの本を突然買ってきて

くれたことを思い出した。姉はこんなにお金にうるさい人だっただろうか。

朝、出社する姉と同時に家を出て、夕方まで高円寺の図書館、その後駅前のミスドに移動し過去問を解く。ミスドでは若者2人が大学卒業後に芸人としてやって行くべきか否かと熱い議論を交わしていた。香川でこんな話をする若者は見たことがない。これが東京だ。私も東京の熱い空気に身を置くために、今はとにかく勉強を頑張らなくてはいけない。

2日後、最初の試験があった。第一志望ではなかったが、受験のペースをつかむ上で大事な日だ。家を出る前から緊張しつつ準備をしていると、姉が箱に入ったアソート的なチョコを「これ食べる?」と渡してくれた。

チョコは脳の働きを助けると言う。姉なりに私を応援してくれているのだろうか。素直にありがとうと箱を受け取ろうとしたが、うっかり摑《つか》み損ね床に落としてしまった。箱はひっくり返り、チョコにかかっていたココアがカーペットにぶちまかれた。

あ、ごめんというより早く、

「何しよんや!」

と恫喝《どうかつ》されビクッとした。ごめん、すぐ片付けるわと言っているのに、「あんた人んちに泊まっとんのにええ加減にしなよ！」と追い込んでくるのでこちらもイラッとして「うっさいな！　片付けるって言うとるやん！」と口論になる。掃除機をかけると全く問題なく綺麗《きれい》になったが、姉の苛立《いらだ》ちは収まらず、私もイライラしたまま家を出た。割と大事な日にこんなどうでもいいことで感情を乱されていることに腹が立つ。おそらく姉は姉で、お金の話が有耶無耶《うやむや》なままになっていることへの苛立ちがあったのだろう。

その後、私の幼馴染《なじ》みも泊めてもらうことになり、1週間ほどは約8畳の1Kに3人で寝泊まりした。私は非日常の毎日が楽しかったが、姉は生活のルーティンを乱されストレスを感じていたと思う。

やがて、合格発表が始まって私が幾つかの大学に受かったことがわかると、

「ごめん、あんた全然勉強してないって思っとった。ただ受験にかこつけて東京に遊びにきたんかと思ってたわ」

と急に態度が軟化した。しかし私は、何かしらの理由で金銭的問題が解決したから

優しくなったのではないかと疑っていた。ボーナスでも入ったか、それとも母親との金銭的交渉が私を介さず成功したのか。

それ以降、社会経験を積むにつれ、折に触れてあの日の姉の言葉を思い出す。姉は毎朝早くから夜9時くらいまで働いていた。確かに仕事が忙しいとき家に人が寝泊まりにくるのはストレスだ。私は、仮住まいへの感謝が足りなかったのだろう。

それでもやっぱり、もし弟が受験の間泊めてくれと言ってきたとしたら、私ならお金は要求しないのではないかと思ってしまう。

22

―

23

高知

高校3年の吹奏楽四国大会前日、私と彼女に起きたこと

高校では軽音楽部に入りたかったが、私の高校には軽音楽部がなかった。迷った末、吹奏楽部に入部を決めた。吹奏楽にあまり興味はなかったが、今後バンドをやるなら音楽関係の部活をやっておいた方がいいと思ったのだ。あえて女子の多い環境に身を置くことで、女子の前だと挙動不審になってしまう軟弱な精神を叩《たた》き直す意図もあった。

楽器はコントラバスを希望した。コントラバスはエレキベースと構造が近く、練習の成果をバンドに反映しやすいだろうと思ったし、当時ビールのCMでいかりや長介がコントラバスを弾いていた姿がかっこよくて憧れたのもある。

23

4月の終わり頃、私が入部届を出した時点でほとんどの楽器の枠は埋まっていた。コントラバス担当の1年生もすでに2人いて、定員的にあまり歓迎されていないのはわかったが、希望を取り下げずにいたら数箇月後には私のために新しいコントラバスが部費で購入されていた。飽きたらやめればいいやくらいのつもりが、高そうな楽器を買ってもらえた手前、簡単にはやめられなくなってしまった。

我が校の吹奏楽部は2、3年おきに全国大会に出場する、なかなかの強豪だった。朝練は毎日あるし、夏休みも大体練習のために学校へ行かなくてはならない。

やっぱり吹奏楽部は失敗だったんじゃないかと後悔の念に駆られることが頻繁にあった。合奏でそれなりに音楽の楽しさを感じることはあっても、日々の厳しい練習の見返りとしては割に合わない。

誰かの誕生日が来るたびにプレゼントを買いに行ったり、ちょっとした大会ごとに先輩に手紙を書かされたりするような、女子が多い部活特有の文化も煩わしかったし、頑張るを「顔晴る」と日誌に表記するような自己啓発的なムードも苦手だった。

練習時間の過ぎるのがあまりに遅く、毎日何度も時計を見て10分しか経っていないのを確認しては落胆した。とはいえ大っぴらにやる気のなさを見せたりサボったりする勇気もなく、ただ悪目立ちしないことを心がけて永遠にも思える数年を耐えた。

女子とのコミュニケーション能力も大して改善しなかったが、高3になって数箇月後、サックス担当の1年生と付き合うことができた。一般的に見てもモテそうな子で、私の何を気に入ってくれたのかは不明だったが、いわゆる先輩マジックで三流部員の私も頼もしく見えたのだろう。

最後の夏の大会。私も年功序列制によりメンバーの1人に選出された。順調に県大会を突破し、四国大会に進出。ここで2位以内に入れば悲願の全国大会。「普門館」という吹奏楽の甲子園的な聖地を目指し、みんな必死に練習した。

全国出場を祈願し、彼女がミサンガを編んでくれた。気持ちはありがたかったが、私は日々ストイックになっていく部内の雰囲気が辛くて素直に喜べなかった。

その年の四国大会の開催地は高知市。前日から前乗りして、会場でリハーサルを行う。青春の数年間を賭《と》して取り組んだ成果を試される時が近づいている。部員たちの顔に緊張の色が浮かんでいた。

リハーサルを終え、部員一同は市内のホテルに宿泊。私にはそこでどうしても叶《かな》え

23

たい夢があった。修学旅行の時できなかった、遠征先で彼女とイチャイチャするというやつをやってみたかったのだ。

夕食が終わった後の自由時間、しばらく男子部員と過ごした後、満を持して彼女をホテル前の駐車場に呼び出した。はにかみながら、「どうしたん？」と向かってくる彼女を見てやっぱり好きだと思った。


最初は「遂に明日が本番か。ミサンガも編んでもらったし、ほんま頑張らんといかんな」と殊勝なことを言っていた私だが、テンションが上がったせいか、話しているうちポロポロと本音が漏れてきた。

「あんまり他の人には言ったことないんやけど……ほんまははよ負けて部活やめたい」

本番前日の思わぬ告白に苦笑いする彼女。その表情を見て、何かを言わないとまずいと思った。しかし続けた私の言葉は、さらに彼女の顔を曇らせた。

「コントラバス音ちっちゃいからどうせ聴こえんやん？」

「こっからまた１カ月とか練習するんはさすがにキツいで」

「正直まだ弾けてないとこあるけど、そこはできるだけ小さい音で弾こうと思っとる」

笑ってくれるかと思ったのに、場に漂った気まずい空気は濃くなっていくばかり。このままだと2人の間に埋めようのない溝ができてしまうと直感した私は、これまでの流れをなかったことにしようと顔を近づけ唇を重ねようとした。頭が逃げようとするのを何度も引き寄せ、舌をねじ込もうと苦心するが、なかなかうまくいかない。以前はもっと協力的に身を委ねてくれていたはずなのに。

しばらく格闘すること数分の後、彼女は何か決意を感じる力で私の腕をほどき、はっきりした口調で言った。

「なあそろそろ部屋に戻った方がええんちゃう」

せっかく高知の夜なのに、なんでそんなに寂しいことを言うのか。

やや物足りない思いはあったが、それ以上そこにとどまる言い訳を思いつかず、「まあ、明日頑張るわ」と口元を拭いながらすごすごと男子部屋に戻った。

翌日。我が校は四国大会で3位に終わり、全国にはあとほんの少しのところで手が届かなかった。結果発表の瞬間、部員たちは泣き崩れ、帰りのバスではすすり泣きの声が止《や》まない。私が口にしてしまった言霊が結果に影響したのではと密かに罪悪感を抱いた。

それ以降彼女からメールがあまり返ってこなくなり、数週間後「好きな人ができました」と振られた。

24

東村山

金髪ギャルメイクの怖い上司に、病院の明細書を提出するまで

いくつかのアルバイトを経験した結果、自分は飲食・接客系の仕事に全く向いていないとわかった。とは言ってもアルバイトというものは大半が飲食か接客系であり、そうでないものは何かしらのスキルや専門知識が必要とされる場合が多い。

しかしある日、バイト募集サイトの「クリエイティブ」というジャンルを見ていたら、資格や経験を問わない文章作成のアルバイトを発見し、急いで応募した。バイト先は亀戸にあった。家から若干遠く通勤が面倒だが、トロい接客で年下の上司にキレられる苦労を思えばそれくらい大したことではない。

東村山

—

亀戸のビルの一室。ここに受からなければ終わりだという覚悟で、自分にできる精いっぱいの明るさを発揮して面接に臨んだが、ケバい金髪ギャルメイクが年齢に合わなくなったことに気づかないまま老いて太ったような女性面接官が終始鋭い眼で私の受け答えを見ており、あまり好感を持たれていない感触があった。

面接の後には筆記試験がある。制限時間15分で、最近読んだ本についての感想を書く。

ここで爪痕を残さなければ落とされると確信し、直近で読んだマンガ「北斗の拳」の感想文に異常な集中力で取り組んだ。作品を肯定するだけではなく、勧善懲悪的な世界観に疑義を呈したり、虫ケラのように殺されるザコキャラの方に共感してしまうという独自の視点も忘れない。制限時間ギリギリに書き上がった文章は、同時に試験を受けていた他の数人の2～3倍の量はあった。

そうして私は無事、採用試験に合格した。

しかし意気揚々と出勤した初日、ギャル上司の机の上に無造作に置かれた私の履歴書を目にしてショックを受けた。履歴書の備考欄にはでかい文字でただ一言、

「ややこしそう」

24

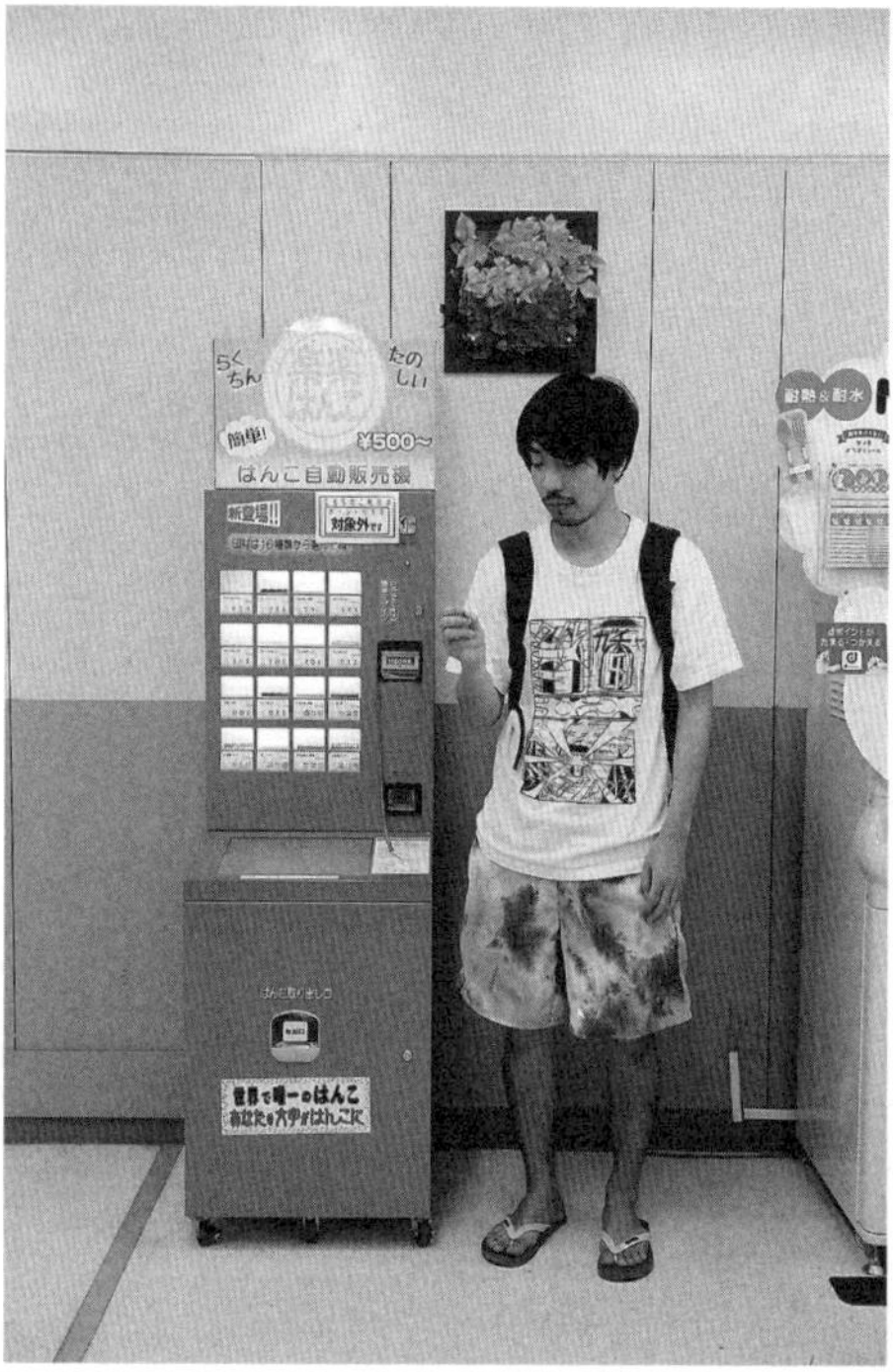
らくちん
たのしい
簡単!
¥500~
はんこ自動販売機
新登場!!
対象外です
耐熱&耐水
世界で唯一のはんこ
あなたの大字がはんこに

とだけ書かれていたのだ。私が精いっぱいに書いた「北斗の拳」論は、どうやら上司に全く響いていなかった。ではどうして受かったのか。後日先輩に聞いたところ、実際ギャル上司は私を落とそうとしていたらしいが、グループの班長が感想文を読んで「この子面白そうじゃん」と言ったおかげでなんとかギリギリ採用されたのだという。

そういえば、ギャル上司は活発なバイトやイケメンのバイトとは楽しそうに話すくせに、私が何か報告しに行くとあからさまに冷たく業務的な口調に変わることがよくあった。面接裏話を聞いて、私のギャル上司への苦手意識はより強くなった。

それでも仕事内容自体は私に合っていたようだ。「吉田くん、書くの速いね」などと頻繁に褒めてもらえた。普通に仕事内容を評価してもらえるというのは私からすると驚くべき出来事で、やっぱりこのバイトを選んでよかった、と改めて思った。

特に大きな問題もなく半年が過ぎた頃、にわかに暗雲が立ち込めてきた。私のグループに遅刻が多い罰として、誰か一人でも遅刻をしたら連帯責任で全員が罰金を払うという前時代的な制度をギャル上司が設けてしまったのである。

24

グループ内でも特に遅刻の多かった私は、以降、遅れることのないよう自戒したが、人はそんな簡単には変わらず、目が覚めた時点で絶対に間に合わない時間になっている日も多々あった。自分が罰金を払うだけならまだいいが、同じ班の人に払わせるのは心苦しい。苦肉の策として、体調不良と偽り当日欠勤することが増えてしまった。

数度目の欠勤の翌日。出勤早々、ギャル上司に呼び出された。彼女は、

「昨日風邪ひいて病院行くって言って休んだよね。明日病院の明細書持ってきて」

と非情に言い放った。仮病なのでもちろん明細書はない。とりあえず「わかりました」と答えながら、まずいことになったと思った。

確かに私が悪いのだろうが、えげつない追い詰め方をする上司だ。この状況をどうやってやり過ごすか。

そうだ。前に高田馬場の病院に行った時の明細書が家にあるはず。それを参考に、似たようなものを作って提出しよう。

退勤後、急いで家に帰り診断書を探し出した。明細書自体はエクセルで作れそうだが、病院のハンコが押されている。こういった書類にハンコがないことはきっとあり得ないのだろうし、経理的な仕事もやっている上司なら捺印《なついん》がない点を目ざとく指摘

してくる可能性が高い。

カッターで消しゴムを彫ってハンコを作ろうと試みたが、上司にバレないクオリティのものを作るのは無理だとすぐわかった。そうこうしているうちに時刻は午後6時。明日は家に忘れたことにして、次の出勤までになんとかしようか……いや、ダメだ。一日遅れれば上司の警戒がさらに強まり、ますますチェックが厳しくなってしまう。

オリジナルのハンコを作るお店を調べたがやはり時間もお金もかかるし、こんなフリーター風情が病院のハンコを作ろうとしたら怪しまれて通報される危険性もある。

いよいよ窮地に追い込まれながら検索画面を見ていた時、「はんこの自動販売機」の文字が目に飛び込んできた。必要な情報を画面入力すれば、その場ではんこを作れる機械があるという。設置場所を調べたところ、最寄りでは東村山のスーパーにあった。急げばまだ間に合うはず。考え込む前に高田馬場駅へ走って西武新宿線に飛び乗り、数十分かけ東村山駅に到着。

閉店時間まであと20分。スーパーの中を駆け回ってようやく見つけたハンコ自販機が私の目には輝いて見えた。

出来上がったハンコは実際の病院のものより大幅に小さく、かなり安っぽかった。バレる不安を完全には払拭できなかったが、これでいくしかない。

翌日、偽のはんこを押した偽の明細書を恐る恐る提出する。上司はまじまじとチェックした後、「こいつマジで病院行ってたのかよ、チッ」という表情を浮かべ明細書を差し返してくれた。

どうしようもなさそうな状況でも、諦めなければ意外となんとかなるもんだ、と思った。

25

五反田

おもわず背筋が凍った、合コンのハシゴの現場

合同コンパ、いわゆる合コンに誘ってもらうことがたまにある。呼ばれたらうれしいので用事がない限り参加するが、誘いは半年に1回あるかないか。しかし例外的に1度だけ、一晩で2件の合コンをハシゴした忘れられない夜がある。

バイト先で知り合った友人が呼んでくれた合コン。彼は若手の芸人で、他の参加者も自分以外はみな芸人だった。初対面の芸人の集団ノリに置いてけぼりにされないか不安だったが、危惧していたギャグを披露し合うような空気にもならず、穏やかに楽しく合コンは進行した。

開始から2〜3時間が経ち、女子たちと

25

も打ち解け切ったように感じられた頃。

「そろそろ二次会でも行きましょう！」

満を持した提案に対する彼女たちの反応は、思ったより芳しくなかった。全員明日が早く、終電までに帰らなければならないため二次会には行けないと言う。

一見真っ当な理由に見えるが、明日は休日だ。経験上、断りの口実に過ぎないとわかった。私たちの楽しませ方が二次会に行きたいと思えるボーダーラインに達していなかったのだ。

思い返してみれば彼女たちは皆同じタイミングでスマホをチェックしていたし、二次会に行くか聞いた時、女子内での相談もなく不自然に意見が一致していた。卓の下で、「二次会どうする？」「いや、こいつらないっしょ」「だよねー」と連絡を取り合っていたのではないか、という幾分ネガティブ過ぎる推論は、実際のところかなり信《しん》憑性《ぴょうせい》が高そうに思えた。

女子たちが帰った後も飲み屋に居座り、うなだれて反省会をする男たち。敗者同士の絆を感じ始めた頃、私のもとに奇跡的な連絡が届く。

「遅くにすいません！　今から飲みたいっていう女の子たちいるんで、僕の家でコンパしませんか?」

誘ってくれたのは、以前とあるイベントの打ち上げで知り合った、けっこう売れている芸人さんだった。下衆《げす》な話の流れから「またコンパとかあったら呼んでください!」と軽い約束を交わしたのは覚えていたが、本当に誘ってもらえるとは。一日に2回も合コンに参加するのは未経験の事態。両方とも滅多《めった》に飲むこともない芸人からの誘いということにも不思議な縁を感じる。

女子たちに見限られ、希望と自信を失っていた私の前に、再び差し出された敗者復活のチャンス。手を伸ばさない理由はなかった。

初対面とはいえ一時は命運を共にした戦友たちを置いていくのは忍びなかったが、「次はがんばれよ!」と優しい声援に送られて私は一人タクシーに飛び乗り、新宿から五反田のマンションへと向かったのだった。


エレベーターを降りた時点で、キャーキャーとはしゃぐ声が聞こえた。始まってまだ間もないはずだが、こんなに盛り上がっているのか。テンションについて行けるか不安にはなるも、反省会でかなり酒を飲んだことを思い出し、気を奮い立たせた。

25

玄関のドアを開ける音がガチャッと響くと、奥の部屋から「ほら吉田さん来たで！」と芸人さんの声が聞こえた。

女子たちは一際大きくキャー！と叫んでいる。もしかして、女子メンバーの中に奇跡的に私のバンドのファンでもいるのだろうか。これはチャンスかもしれない。先ほどの合コンの借りを取り返すのだ。声に、自然とうれしくなってしまう。

ドキドキしながら部屋の扉を開けると、女子たちは一斉に手で顔を隠し、床に突っ伏して「ちょっと待って！　無理！」「ダメだって！」などと喚《わめ》いている。その光景を見た芸人さんたちが腹を抱えて笑っていた。どういう状況だ。わけがわからず突っ立っていると、手の隙間から窺《うかが》うようにこちらを見てきた女子と目が合った。見覚えのある顔だった。

背筋がゾワっとした。いや、しかしまさか、そんなことはあり得ない。気持ちを落ち着けて女子たちを見渡し服装を確認する。やっぱり間違いなかった。

そこにいた女子たちは4人とも先ほど別れたばかりの人たち、つまり数時間前まで合コンをしていた相手だったのだ。

彼女たちは終電があるからと帰ったように見せかけて、別の芸人のコンパへと移動していた。しかもより売れている芸人の方へと。

後で問い詰めれば、先ほどの合コンの途中から「女の子4人いるんですけど今から飲みませんか？」と女子側から連絡を入れていたらしい。

そんな事情とは露知らず、女子たちの反応に一喜一憂していた私たち。滑稽なやつらだ。終電は帰る口実でしかないとまでは予想していたが、こっそり次のコンパを段取られているとまではさすがに想像が及ばなかった。

25

私がマンションのドアを開ける直前、室内では
「ちなみに、もう一人来る人って誰ですか？」

「前にイベントで一緒になったバンドの人やで」

「え、それってもしかして吉田って人じゃないですよね？」

「いや、吉田さんやけど」

「なんとかファイヤー？」

「あ、そうそう」

「いや、ちょっと待ってちょっと待って!!　無理無理!!」

「え、何で？　あ、吉田さんもうマンション着いたらしい」

「キャー!!」というやり取りが行われ、ドアの外まで聞こえていたというわけだ。

ワクワクしながら部屋に入ってきたさっきの自分が情けない。こんなに望まれない登場があるだろうか。

全てが露呈してしまった後の女性陣は何か吹っ切れたような顔をしていた。その後気を取り直して低俗なゲームなどに興じたりもしたが、一旦《いったん》見切られた認識のある私はあまり身を入れて楽しめなかった。

芸人の合コンをハシゴする女たちの話は、芸人さんにとっても稀《まれ》なエピソードだったらしい。後日その場に居合わせた一人がラジオでその日のことを面白おかしく話しているのを聞いたが、私を誘う前のくだりとしての「夜遅かったから芸人いくら声かけても捕まらんくて、じゃあもうあの人でええんちゃう、ってなって」という説明で、想像していた以上に消去法で呼ばれていたことを知り、そこも若干ショックだった。

26

—

木場

ラジオに出る時はお酒を飲む。という行為は果たしてNGか？

お酒が飲めるようになって以降、ことあるごとにその力を借りながら生きてきた。

就活やバイトの面接、男女混合の飲み会、上司に謝罪の電話をかける時、怖気付《おじけ》きそうになった時はいつも事前にお酒を飲み、外交的な自分を取り繕って挑むようにしていた。ライブの前は250ミリリットルくらいのペットボトル焼酎を1本、コンビニのお茶で割って飲むのが長年のルーティンになっている。たまにテレビやラジオに出る時にも、缶ビールを1、2本飲んでおく。

積極的な発言が求められる場で萎縮して何も話せず、負のオーラを発散するだけで終わったことが過去に度々あった。申し訳なかった。お酒は私にとってコミュニケーション能力を上げる特効薬のようなものだ。適当にやってもなんとかなるっしょ、と舐《な》めた気持ちで飲んでいるわけでは決してなく、むしろ自分なりのベストの状態を作るために飲んでいる。私の場合、お酒をある程度飲んで、やっと人と同等の社交性を手に入れられるのだ。

しかしお酒を摂取することに伴うリスクもある。あれは20代半ば、バンド「水中、それは苦しい」のジョニー大蔵大臣さんに呼んでもらい、ラジオに生出演した時のこと。バンドでラジオに出るのは久しぶりで気合が入っていたが、いつもの私のテンションでは声が小さ過ぎて何を言っているかリスナーに伝わらない可能性が高い。

入り時間通りに東西線木場駅近くの収録スタジオに到着し、アルコールを買い求めようと辺りをぐるぐる歩き回ってみるも、周辺は新しめのオフィスビルばかりが並ぶ埋め立て地のような場所で、コンビニが見つからない。時間に焦りつつ20分ほど歩き回ってようやく、だだっ広いショッピングモールでワンカップを2本購入。蓋を開けて飲みながら小走りでスタジオに戻った。

事前打ち合わせが始まっていないか不安だったが、待機室に戻るとメンバーが暇そ

26

うに談笑していたので安心した。本番まであと数十分。いつ台本確認のためお呼びがかかるかわからない。その場で飲んでいいかやや不安ではあったが、外に出ている暇はないと判断し、ビニール袋で包み隠すようにしながらワンカップを飲み干す。えづきそうになるのを我慢しているうちに心持ち緊張が解け、メンバーとの会話も弾んできた。いい調子だ。

空になったワンカップをビニール袋から取り出し、商品名のシールが見えないよう壁側に向けて部屋の角に置いた。続けて2本目の蓋を開けようとした時。待機室に50代くらいのプロデューサー風男性が入ってきたので手に持っていたワンカップを急いでポケットに隠す。

立ち上がって「よろしくお願いします」と頭を下げても芳しい反応は返ってこなかった。プロデューサーの視線は私の横をすり抜け、部屋の角の下隅に向かっていた。嫌な予感がした。少し体をずらして視線を遮ろうとする努力も虚《むな》しく、やはりプロデューサーは壁際の空き瓶を指差して言った。

「え、それは何?」

初めてそれに気付いたかのように、

26

「ああ、瓶……ですかね？」

と答える小芝居が犯人は私だと確信させたようだ。プロデューサーの目線は真っ直ぐ私に注がれた。

「いや、だから何の瓶？」

危機的な空気を察したが、状況を打破する答えは見つからない。しどろもどろになりながら、「え？　ああ、お酒……ですかね？」と答える。

男性の険しかった表情が一気に緩み、「お兄さん、ロックだね〜！」と笑ってくれるわずかな可能性に期待しながら。

そうはならなかった。

プロデューサーは眉間に皺《しわ》を寄せながら私の目を見つめ、

「いや、あり得ないでしょ」

と告げた。抑えきれない不快感を表現するように深くため息をついた後、こいつら連れてきたの誰?的な雰囲気を醸しつつ部屋を出ていった。

怒りは隣の部屋の若手スタッフにぶつけられたようだ。

「何してんだよ!!　本番前に酒飲ませてんじゃねぇよ!!」「次に来るゲスト、ポニキャン（ポニーキャニオン）さんのアイドルなんだけど!!」「収録に酒持ち込んでるのなんて見つかったら、こんな番組一発で潰されっぞ!!」

ドア越しの激しい叱責《しっせき》を聞きながら、何の後ろ盾もない弱小バンドマンの私は若手スタッフへの申し訳なさと、業界の不気味な強大さに震えながら佇《たたず》んでいた。


ライブ前に酒を飲んでいてもライブハウスのスタッフに文句を言われたことはないが、やはりライブハウス界隈の常識が他所《よそ》でもそのまま通用するわけではなかった。

しかし、最近になってテレビやラジオに出る前に酒を飲んでいることをネットのインタビューで公に打ち明けて以降、番組スタッフが打ち合わせの席などで「お酒頼んでもいいですよ」などと気遣ってくれるケースも増えた。

とあるラジオ番組に出演した際などは、先方がビールや酎ハイなど数種のお酒を事前に用意してくれ、飲みながら生放送ということすらあった。さすがにそこまで寛容なケースは稀《まれ》だろうが、少なくとも、ラジオイコール絶対お酒NG、というわけではないようだ。

仕事の前に酒を飲むことが社会的にどの程度の禁忌とされているのか、数年間探っ

26

ているが、いまだはっきりしたボーダーラインはわからない。とりあえず、ラジオやテレビに出演する際は人のいる楽屋でお酒を取り出すことを控え、トイレの個室に隠れながら飲むことで、業界人から怒られる事態をなんとか避けようとしている。

27

東京駅

この局面で
その弁当を
選べる姉で
良かったと思う

兄

弟がいてよかったな、と一番思うのは肉親が亡くなった時かもしれない。

大学1年の夏、実家で一緒に住んでいた祖父が亡くなった。80を過ぎても藪《やぶ》から竹を切り出してホウキを作ったり、神社の石段を掃除したりしっかりしていた祖父だが、足腰が弱って部屋から出なくなってからは急速に老いが進行し、意識が朦朧《もうろう》としていることも増えた。寝たきりになって近所の病院に入院した時、きっともう家に帰ってくることはないだろうと思った。

受験が終わって上京し新鮮な日々に胸を躍らせていた私は、祖父を思い出すことも減っていた。亡くなった知らせを聞いた時、

27

せめてもっと見舞いに行っておけばよかった、朦朧とする意識の中で途切れ途切れにでも祖父の人生について聞き出しておけばよかったと後悔したが、結局は亡くなった後でないと実際に行動に移そうとは思わなかっただろう。

　祖父は大抵どこか抜けたところのある私の親族には珍しく、凛《りん》とした清潔感とストイックな雰囲気を持つかっこいい人だった。若い頃には戦争で兄弟を失い苦労したという。あまり自分について語らない人だったので、そんな話も祖母や叔母から聞いたのだ。

　朝方に父親の電話で祖父の訃報を知った後、東京に住む姉からも電話がかかってきて昼の新幹線で一緒に実家へ戻ることになった。数時間後に東京駅で姉と会った瞬間、今まで感じたことのない安心感があった。思うことはいろいろとあっただろうが、憔《しょう》悴《すい》した様子はなくいつもの姉だった。

　四国の片田舎で、数十年間同じような生活を続けてきた祖父の人生の重みを感じてくれる人はどれだけいるだろう。今後祖父のことを憶《おぼ》えていてくれる人はどれだけいるだろう。無口で厳格な雰囲気の祖父に少し近寄り難さを感じていたが、祖父は私が小学校の修学旅行で買ってきた喫煙具を長い間使ってくれていた。

後悔し始めるといろんな情景を思い出して辛《つら》くなる。しかし祖父を憶えているのは私だけではない。私より長い年数を祖父と共に過ごした姉がいる。私が知らない祖父の姿も姉は見てきただろう。そのことに救われる思いがした。私が持てなかった祖父の記憶を姉が持ってくれていることで、祖父が生きていた事実がより確かなものになる気がしたのだ。

姉と落ち合った後、お互い昼を食べていなかったので、駅弁を買って新幹線の中で食べようということになった。

中学の教科書に載っていた『いちご同盟』という小説を思い出した。ヒロインの手術が長引いて生死の境を彷徨《さまよ》っている間、病院の食堂へ向かった幼馴染《なじ》みがカツ丼を注文して掻《か》き込むシーンが印象的だった。その幼馴染みは、悲しくても腹は減るんだよと言っていた。その通りだ。状況に似つかわしくなくとも、腹が減ってしまうのが人間だ。食欲が湧いたのなら、そこから目を逸《そ》らそうとするのはむしろ不自然な行為だろう。

さすが日本を代表するターミナル駅、東京駅の弁当売り場には美味《うま》そうな弁当が豊

27

富に揃っていた。一番安い鳥そぼろ弁当をさっさと購入し姉を待つ。しかし姉はショーケースの中のサンプルを見比べながら、長い間悩んでいた。何をやってるんだ。こんな時にいちいち弁当で悩むなよと思った。

とりあえず売り場を離れ電光掲示板の発車時刻を見ていると、白いビニール袋を持った姉が小走りでやってきた。直近の新幹線の出発時刻が迫っていた。急いで切符を購入し自由席に乗り込む。ふう、なんとか間に合ったと一息ついてお茶と弁当を取り出した時、姉の弁当に目が行った。

姉が購入した弁当は「21世紀出陣弁当」だった。

ブリの照り焼きや唐揚げが入っていて味の種類が多く、はっきり言って鳥そぼろ弁当よりかなり美味そうだ。いや、実は私も弁当を選ぶ時点から21世紀出陣弁当の存在には気付いていた。そして正直に言うと私もそれが欲しいと思っていたのだが、この状況でそのネーミングの弁当を買うのは憚《はばか》られた。

パッケージにデカデカと記された「21世紀出陣弁当」の力強い筆文字からも、この弁当が行楽地へ向かう元気な人種をターゲットとしていることがわかる。今の私はこんなハイテンションな弁当を買うべきではない。それにこのタイミングで「21世紀出

27

陣弁当」を買ったら、葬儀へ向かうことを「出陣」と捉えていることになってしまわないだろうか。瞬時にそんな判断を行った結果、並んでいる中で最も質素で無難な鳥そぼろ弁当を買ったのだ。

しかし姉は堂々と「21世紀出陣弁当」を選んだ。おそらく長い間悩んでいたのも私のような空気を読もうとする日本人的理由からではなく、純粋に今の自分が一番食べたいものを厳しい目で見極めようとしていただけだと思う。

食うことは食うくせに、中途半端に喪に服した気になっていた自分の小狡《ずる》さがダサく感じられた。でもそんなのは私に限った話ではない。多分『いちご同盟』でカツ丼を食べていた彼でさえ、「21世紀出陣弁当」は買えないと思う。

「おじいちゃん死んだ時にようそれ買ったな」

と私が突っ込むと、

「別に何食べても私の勝手やろ」

と笑って答える姉はいつになく頼もしく見えて、やっぱりこういう時に兄弟がいると救われるな、と思った。

28
—
徳島

大垣はなぜかたくなに自分の非を認めないのだろう？

私が属するバンド、トリプルファイヤーのドラム担当・大垣とは大学1年以来の長い付き合いだ。

大垣はメンバーの中では比較的人当たりがよく陽気な雰囲気を持っているため、初対面のバンドと楽屋が一緒になった時などは彼の積極的なコミュニケーションに助けられる。メンバーで唯一、正社員として働いていていてバンド内では常識人的立ち位置でもあるのだが、たまにおかしな部分が垣間見えたりもする。

今までの付き合いの中で気になったのは、時折私の主張をかたくなに認めないことがある点だ。

かなり前の話になるが、本番前の楽屋で

28

「外食チェーンでどこが一番お金をかけずお腹《なか》いっぱいにできるか」を論じ合ったことがあった。私の答えはずばり、『はなまるうどん』だ。高校の部活の後、学校の目の前にあったはなまるに年百回は通った。かけうどん（小）が100円だったからだ。うどんが安いことで有名な私の地元・香川県でも、100円で食べられる店はそうない。無料の天かすを盛りまくり摂取カロリーを増やすこともできる。

だから私は自信を持って「やっぱ100円でうどん食べれるはなまるが最強っしょ」と言った。そんな私の意見を大垣は、

「いや、さすがに100円はあり得ねえだろ」

と簡単に切り捨てた。

残念、大垣、お前は間違っている。現に私は100円で何百回も食べたのだから。しかしそう言い切るには若干のためらいがあった。私がはなまるへビーユーザーだった頃からすでに5年以上が経過していた。そういえば直近で行ったおぼろげな記憶では30円くらい値上がりしていた気もする。「そんでも大体100円だろ」と言い張ることもできようが、自説により正確性を持たせるため「あ、今は130円くらいだったかも」と付け加えた。そんな私の誠実さは、自信のなさの表れにしか見えなかった

ようである。大垣はこいつまだ言ってるよ、という顔で、

「だからそんな安くねえって！」

と一笑に付した。そこまで断言するからにはそれなりの根拠があるのだろう。だんだん自分が間違っている気がしてきた。しばらく行かないうちに大幅な値上げを断行したのだろうか。モヤモヤした気持ちは残るも、その日はそれ以上は食い下がることはできず終わった。

後日はなまるうどんに行った際、念のためかけうどん（小）の値段を確認した。130円だった。やっぱ130円じゃねえか。なんであいつはあんなに自信満々だったんだ。悔しさがぶり返してきたが、今さら「かけの小、130円だったよ」と報告したところで、何の話だよ、気持ちわりいな、と思われて終わりだろうと思ったので何も言わなかった。

他にはバンド遠征前日のスタジオ練習後、明日は早朝に大手町集合とメンバー間で確認していた時にも似たようなことがあった。

私が「高田馬場から大手町なら東西線で5、6駅くらいだからけっこう近いよ」と言ったら、また大垣に「そんな近いわけねえだろ」とツッコまれ、みんなにも笑われ

28

たが、後で調べたらやっぱり6駅だった。その時もまた「ほら、俺が合ってたじゃねえか」と言う機会は来なかった。

そういうことがたまにあるのだが、中でもとりわけ強く印象に残っているのは『はなまる』の件から数年後の２０１４年、徳島へライブ遠征に行った夏の日の出来事だ。早めにリハーサルが終わり、メンバー一同は空腹を抱えてライブハウス周辺を散策していた。適当な飲食店がなかなか見つからず、４人で国道沿いを10分ほど歩いてようやく辿《たど》り着いたのは、でかい喫茶店のような古ぼけたうどん屋。わざわざ徳島まで来てうどんかあ、とやや物足りぬ思いもあったが、他に選択肢もないし佇《たたず》まいのいい店だったのでそこに決めた。

注文を終えスポーツ新聞の野球面を流し読みしていると、思わず「おっ」と声が出た。目に留まったのは広島東洋カープの野手、ブラッド・エルドレッド選手の打撃成績。まだ7月途中、シーズン折り返し地点だというのに29本もホームランを打っていて、あまり野球の結果をチェックしていなかった私は驚いた。

日本プロ野球の最多本塁打記録はバレンティンの60本。前半戦で29本なら、日本記録を更新してもおかしくない驚異的なペースだ。ややテンションが上がった私は、テーブルを挟んで前方にいた野球好きの大垣に「おい、エルドレッドめちゃくちゃ打ってんな！」と話しかけた。しかし大垣は、

「ああ、あいつはけっこう打つよ」

と、日本記録ペースの選手に対しては冷ややかな反応。

「前半戦で29本ってやばくない？」とさらに聞くと「いや、29本はさすがに打ってねえと思うけどな」と返された。

なんだ、こいつも知らないのか。目の前でスポーツ新聞を広げている私に対抗してこられる精神性がわからなかったが、まあ実際の記録を見せて驚かせてやればいい、と思わず頬が緩んだ。

新聞を大垣の方へ広げ、エルドレッドの打率の横にある「29」と丸に囲まれた数字を指し示す。

「ほら。これ。29本」

大垣は私が指し示す数字をはっきり見た。そしてその上で、

「う～ん、さすがに29本は打ってないと思うけどなあ」

と言った。

軽い衝撃を覚えた。「いや、ここに書いてるじゃん！」と新聞が凹むほど数字を指差しても、いつまでも「う～ん」と首を捻《ひね》りうなっている。

いや、もうそういう段階は過ぎているはずだ。

何を悩んでいるのか、それとも悩んでいるふりをしているだけなのか。大垣の意図は不明だったが、とにかく新聞という最強の武器を見せても認めてもらえないのならそれ以上説得の手立てはない。私は納得できないまま新聞を閉じ、黙ってうどんを啜《すす》ったのである。

新聞の印刷ミスという万が一の可能性を考慮し、後で他の新聞やネットも調べたが、やはりエルドレッドは29本打っていた。一体あれはなんだったのか。その件についても、まだ大垣には問い質《ただ》せないままでいる。

29

群馬

完全なる無人駅で過ごした、完全に隔絶された1時間半

行きたい行きたいと思いながら行ったことのない場所がたくさんある。ロシアでオーロラ見てえなあ、インドでカレー食べてえなあ、オープンカーでルート66を爆走してみてえなあ、なんてことをよく友達と話す。

他にどこか行きたいところなかったっけ、と考えている時、いつも脳裏に浮かんでくる場所がある。

山間の草っぱら、どこを見ても誰もいない風景。私は一度そこに行ったことがあって、時々無性にまた行きたくなる。しかしそこがどこなのか、いまだはっきりとは知らない。

大学1年の夏、長年憧れていたフジロッ

クへ初めて行った。サークルの先輩の車に乗せてもらうこともできそうだったが、先輩たちは夕方から出発し、前夜祭の終わる夜中頃に到着するという。初参加で気合の入っていた私は、前夜祭の最初から余すところなくフジロックを体験したかった。だからひとり昼頃家を出て、鈍行列車で苗場に向かうことにしたのである。

東京より北へ行くのは生まれて初めてだった。埼玉を北上していくと、だんだん家が減ってきて田舎の風景が広がる。四国から上京して間もなかった私は田舎に飽き飽きしていたが、それでも北関東の田舎は西日本の田舎とはどこか違う雰囲気で、気分が高揚した。

車窓を眺めて考え事をしているうちに、高崎駅に到着した。そこからは新潟方面、水上行きに乗り換えることになる。タイミングよくドアの開いた電車がホームに停まっていたので急いで飛び乗る。

間もなく電車は出発した。フジロックの客で混んでいるかとも思ったが意外と空《す》いている。ボックスシートに腰かけて一息つき、暇つぶしに携帯でニュースを見た。

40分ほど乗った頃だろうか、ふと違和感がよぎった。車内アナウンスが、目指している場所と関係ない駅名ばかり告げている気がした。まさか、と思いながら乗降ドア

29

の上にある路線図を確認して、ハァ～とため息をつく。

不安は的中した。やっぱり私は高崎で間違え、別方面の電車に乗っていたのだ。なんてアホなのか。初めて来た場所なのに、どうして確認もせず適当な電車に乗ってしまうのか。昔からそういうところがある。

携帯で乗換案内を調べたところ、高崎へ戻る電車はあと1時間以上来ないようだ。高崎からここまでの往復時間を考えれば、計画より2～3時間遅れて苗場に着くことになる。これでもう前夜祭の開始時刻には間に合わない。完璧なプランに早くもケチが付いた。自分の間抜けさが今後取り返しのつかない失敗を招く不吉な予感を抱えながら、なす術もなく次の停車駅で降り、ホームのベンチにぐったりと腰かけて戻りの電車を待った。

うるさいぐらいセミが鳴いていた。

そこは改札の駅員すらいない、完全なる無人駅だった。無人駅どころか、駅の周りに民家すらない。見渡す限り人がいない。山と草地の中に灰色のホームがあるだけ。畑でもないただの原っぱに青い草木がうっそうと生い茂っている。

一体この駅で誰が降りるのだろう。午後3時のホームに7月末の熱射が降り注いでいた。ベンチの小さな屋根以外に太陽を遮るものはなかった。せめてもう少し栄えた駅なら時間も潰せたのに。

とりあえず一本タバコを吸って、それですることはなくなった。しばらくボーッとした後、また携帯を取り出し興味のないニュースを見た。

あまりに長く感じられる1時間半を過ごし、少し日も傾いてきた頃。ようやくやってきた電車に乗れば、冷房のありがたみが身に染みる。そして今度こそ新潟方面の電車に乗り換え、苗場へ向かったのだった。

着いた頃には完全に日が暮れていた。やはり前夜祭の開始には間に合わなかった。遅れて来た分を取り戻そうと精いっぱいはしゃいだ私は、全財産の入った財布と3日間通しチケットに当たるリストバンドを早々に紛失し散々な目に遭うのだが、それはまた別の話だ。

あのとき無人の駅で過ごした1時間半。やたら暑くて退屈で、ただただ自分のミスが鬱陶《うっとう》しかった。しかし時を経てあの時間を思い出す時、なぜか夢の中で見たワンシーンのようにノスタルジックな気分が記憶を取り巻いている。

やむを得ず降りただけの、名も知らぬ駅。誰一人自分を見ていない。ここにいることを誰も知らない。何もすることがないし、何をしても世の中に何の影響も与えられない。どう足掻《あが》こうと電車を待つ以上の選択肢はなく、駅から離れても早く目的地に着くわけではない。どこにも行けなかったし、行く必要もなかった。

あれからの人生、何もせずボーッとしている時間など腐るほど過ごしてきた。しかしそんな時でも、「本当は何か今後の役に立つことを始めるべきじゃないか」という焦りが心から完全に消えることはなかった気がする。あの時のように完全に世の中から隔絶され、宙に浮いた時間は、簡単には訪れなかった。

見渡す限り人がいない場所へ行きたくなり、鈍行で東北を回る独り旅をしたことがある。はっきり意識はしていなかったが、その時もきっとあの無人駅の幻影を追い求めていた。しかし思い描いた場所はついに見つけられなかった。

もう一度あの駅へ行ってみたいと思うことがある。しかしきっと、あの時あの駅を目指したわけではなくたまたま辿《たど》り着いたからこそ、特別に感じているのだろうとも思う。調べればおそらく駅の名前はわかるだろうし、実際に行くこともできるだろう。でもきっと、私はもうそこに行かない方がいい気がする。

30

成田空港

若者は ポップなアロハ姿で、 時間ぎりぎりに やってきた

香川の実家へ帰る際、飛行機を使うことがある。私はあまり飛行機が好きではない。乗っている時間自体は短いが、空港へ行く手間、持ち物検査、搭乗までの待ち時間、そして飛行機を降りて目的地へ向かう手間など諸々が面倒だし、結局時間がかかる。予約しないと乗れないのも嫌だ。

その点、新幹線はいい。東京駅か品川駅へ行ってちょっと待てばすぐに乗れる。実家の最寄り駅への乗り換えもスムーズだ。しかし運賃が高い。飛行機なら、時期によっては新幹線の半額以下で済んだりもするから悩みどころだ。

その時も実家に帰る用があったのだが、

かなりの金欠だった。安い飛行機を探したところ、10月の閑散期のおかげか6000円程度でチケットが取れた。空港は羽田ではなく、格安路線の多い成田である。

成田空港へ行く方法にも何種類かある。一番楽で速いのは日暮里から京成スカイライナーに乗るルートだが、金欠の私は東京駅から直行バスという最安ルートを選んだ。

以前バンドで遠征した際、このバスに乗ったことがあった。あの時はメンバーが事前に予約してくれていたが、まあ閑散期の昼すぎの便なら予約せずともすぐに乗れるだろう。そんな私の読みは甘かった。

乗り場に着くとすでに30人以上並んでおり、私より後から来た予約済みの客たちも次々前へ優先されていく。このペースで行くと2本先の便まで待たなくてはならない。私にしては珍しく余裕を持って家を出たはずが、いつの間にか全く安心できない状況になっていた。今から日暮里へ行ってスカイライナーに乗れば確実に間に合う。しかしバスの倍のお金がかかる。せっかく格安チケットをとったのに、成田へ行くだけで千円以上上乗せするのは心情的に受け入れ難かった。

できることなら、なんとかバスで済ませたい。確認すると、2本先のバスは搭乗手続き締め切り10分前に空港に到着予定のようだ。

30

もしバスが渋滞に巻き込まれ、10分以上遅れたらそこで終わる。格安の航空会社の多くは、搭乗手続きの時間を1分でも過ぎたら機械的に受け付けを打ち切ってしまうからだ。現に、数分遅れたせいで乗れなかった経験も何回かあった。

しかしこういう直行バスというのは、到着時刻に余裕を持たせていることが多い気もする。空港行きのバスなら急いでいる人も多いだろうし、ちょっとでも遅れたら文句を言う人だってきっといる。平日の昼間なら道が混むこともないはずだし、むしろ少し早く着く可能性が高いように思える。

まあ、八割方間に合うだろう。二割のリスクのためにスカイライナーに乗り、さらに千数百円支払う価値はあるのか。時間的リスクと経済的負担を天秤《てんびん》にかけ悩んだ末、私はパチンコで学んだ期待値の考え方に則《のっと》り、予定通りバスで成田へ向かうことを選んだ。

選択は見事に裏目に出た。大して道が混んでいるようにも見えなかったが、バスは当たり前のように予定より10分遅れ、搭乗手続き締め切り時刻ちょうどに成田に着いた。もう走っても間に合わないだろう。最悪だ。リスクを軽んじ、千数百円をケチったせいでその何倍ものお金を失うことになる。今まで何十回も同じタイプの失敗をし

30

てきた気がする。つくづく自分が嫌いになる。

受付で交渉しても融通を利かせてもらえる可能性はきわめて低いが、何もしないわけにはいかない。航空ダイヤが遅延している可能性だって多少はある。何もかもが面倒になり諦めてしまいたくなる心に鞭打《むち》ち、小走りで受付カウンターへ向かった。

カウンター前に荷物を預けようとする人の列ができていた。最後尾に並んだはいいが、なかなか前に進まない。この瞬間も飛行機に乗れる確率は下がる一方だ。それでも、黙って並ぶ以外に打つ手はなかった。


10分ほどが経ち、ようやく列が私と前に並ぶ男性の2人だけになったその時、二十《はた》歳《ち》くらいの大学生風の男が息を切らして駆け込んできた。南国にでも行くのか、10月だというのにポップなアロハシャツを着ている。彼は私と前の人が並んでいるのを見て「あぁ〜」とため息をつき、じっと待つのが耐えられないとでもいうようにモゾモゾしていた。

わかるよ、その気持ち。急いでるんだろ。俺も列が出来ているのを見て絶望した。でも後から来た自分が悪いのだから、諦めて待つしかない。だからそう体を小刻みに震わせて切迫感をアピールしてこないでくれないか。

しかし、若者は意外な行動に出た。私の横を通り過ぎ、前に並んでいる人に、

「ギリギリなので前へ並ばせてもらえませんか」

と交渉を始めたのである。

前の人はそこまで急いでいなかったのか、「いいですよ」と素直に応じ、若者はお礼を言ってスッと先頭に並んだ。

なかなか行動力のある若者だ。でもちょっと待て。

前の人はそれでいいかもしれないが、すぐ後ろの俺の順番も勝手に繰り下げられてるんだけど。なんでもう一人並んでる俺には聞かないのか。聞けよ。断るけど。最初に聞いてくれていればあるいは順番を譲ってあげたかもしれないが、一旦《いったん》存在を無視された今となってはもう譲りたくない。俺だって間に合わないかもしれないのに真面目に並んだ。いやむしろ、時間の余裕のなさで言えば俺の方が上のはずだった。

即座に怒りが湧き上がり、文句を言いに行こうかと思った。だが一方で、どうせもう間に合わないだろう、という諦めの気持ちもあった。若者を言い含め自分が前に並び、結局搭乗を断られる様子を後ろから見られたら。「間に合わないくせにしゃしゃ

ってくんじゃねえよ」的な顔でほくそ笑まれたら、ムカつきすぎて涙が出てしまうかもしれない。

ゴチャゴチャ考えているうちにいつの間にか若者は荷物を預ける手続きを始めていた。どうやら問題なく間に合ったようだ。ホッと安心した顔が気に食わない。真面目に順番を待ち続けた私はやはり搭乗を断られ、追加で数千円を支払った上、翌朝の便を待つために空港の待合室で一夜を越すこととなった。

あの時、若者に抜かれなかったとしてもどうせ私は間に合わなかっただろう。何度もそう自分を納得させようとしたが、あのアロハシャツと若者が預けていたバーベキューセットのようなチャラけた道具を思い出すたび、苛立《いらだ》ちは夜通しぶり返してきた。

31

原宿

ベストコーデを身に着けて、竹下通りを何度も往復した

現在では上着、パーカー、ズボン、靴と、上から下まで1着ずつの代わり映えしない格好で1シーズンを通してしまえるようになった私だが、高校時代はかなりおしゃれに気を配っていた。週に何度かは帰り道に古着屋へ立ち寄って入荷をチェックしたし、休日には定期的に高松へ遠征して安い服を買い集めた。

栄えた街へ出かける際には鏡の前で服を当てコーディネートを考えるのはもちろん、夜中に近所の友人宅へ行くだけの時でさえ帽子やグラサンを身に着けてチャリを漕《こ》いだ。

努力の結果、中学時代の一部の友人の間でファッションリーダー的評価を得ること

31

に成功するが、そこで評価されたところでモテにはつながらない。肝心の高校のクラスメイトたちからは、一切おしゃれなやつだと見なされていなかった。

制服が指定されている我が高校では、他人と差を付けるアイテムといえば靴かベルトぐらいしかない。しかし私がアディダスの限定コラボスニーカーを履いていても、やたらと穴がたくさん開いたベルトを着用していても、こだわりに対する反応は皆無。もちろんモテる気配もなかった。

悲しいことだが、田舎の進学校に過ぎぬ我が校の生徒はファッションセンスを審査する力を持っていないのだ。そういえば、私の価値観からすると「なんでこいつが？」というやつがおしゃれだイケメンだと持て囃《はや》されていることが多々あった。センスが未熟な者たちの多数決により、弱い立場に収まらされている現状に納得がいかない。おそらく私は、ハイセンスな都会でやっと評価され、花開くようにモテ始めるタイプなのだろう。こいつらはまだそのことを知らない。

いずれは進学で上京するつもりではあったが、その前に試金石となる旅行を計画した。高2終わりの春休み、オープンキャンパスに行くという名目で青春18きっぷを使い東京へ独り旅したのである。

原宿

ある晴れた日。昼すぎに家を出て東京を目指した。

出発が遅すぎたのか東京まで辿《たど》り着けず、仕方なく静岡県三島のデニーズで夜を越すことになった。ちょっと眠るたびに店員が起こしにくる。結局ほとんど眠れないまま、疲労困憊《こんぱい》の体を抱え翌日昼前にようやく淵野辺に到着。中学時代の剣道部の先輩が青山学院大学に合格して上京したばかりのアパートに数日間泊めてもらう約束を取りつけていた。

無理な移動と睡眠不足のせいで下痢・発熱に見舞われていたが、せっかく東京にいる貴重な時間を寝て過ごすわけにはいかない。とりあえずオープンキャンパスに出かけよう。今後の頑張り次第では受験するかもしれないと思っていた首都大学東京（当時）のある南大沢へ。

体に鞭《むち》打ちやっと到着した首都大の門は固く閉ざされていた。大学も春休みは閉まっているのだろうか。やっぱり下調べしてこないとダメだな。まあ、キャンパスらしきものは見れたし、とりあえずこれで最近口うるさくなってきた親にもオープンキャンパスへ行ったと申し訳が立つだろう。

そう自分を納得させ、周辺を適当にぶらついて淵野辺へ帰った。そもそも私はオー

31

プンキャンパスというものが何なのかよくわかっていなかった。

ただ、正直今は大学のことなどどうでもいい。私が東京へ来た一番の目的は、原宿を訪ねることだった。当時よく読んでいた『smart』『CHOKi CHOKi』などのファッション誌には、原宿のファッションスナップや古着屋が毎月たくさん紹介されていた。日本最高峰のファッションの街、原宿で買った古着を身に着け、地元の友人に差をつけたい。そしてあわよくばファッションスナップに取り上げられたい。私は検討に検討を重ねたベスト・コーディネートを抱えて上京していた。

次の日。私は折り返しにピアノの鍵盤の柄がプリントされたニット帽を被《かぶ》り、縁の白いデカいグラサンをかけて原宿の街を闊歩《かっぽ》した。雑誌で見た『シカゴ』という古着屋や、全品390円の『サンキューマート』で何枚かの服を購入。地元で売っているものと大差なかった気もしたが、とにかく私は原宿で服を買った。

それでもやはり気にかかるのはファッションスナップのこと。竹下通りや表参道を何往復かしているにもかかわらず、カメラマンが声をかけてくる気配は一向になかった。

日も暮れる頃になってようやく声をかけてきたのは、190センチ・120キロはあるだろう巨体の黒人。受け身で話を聞いているうちに強引なテンションで裏通りの店へ連れ込まれた。店にあるのはB－BOY系の服ばかりで好みと違ったし、値段も全体的に高かった。入ってすぐに店を出たくなったが、入り口を塞《ふさ》いでいる黒人の圧が強く出られない。仕方なくその店で一番安かったジャマイカ柄のブレスレット（3000円）を購入し、ようやく解放された。

グラサンを着けたり外したりしながらさらに竹下通りを往復していると、今度は美容師が声をかけてきた。少しテンションが上がって「え、これカットモデルってやつですか？」と聞いてみたところ、美容師は気まずそうに「あ、違います」と答えた。ただの客引きだった。恥ずかしさで気力が萎《な》えた私はそそくさと原宿を後にした。

単なる田舎者が原宿を歩いて起きるであろうこと以上のことは何も起きなかったが、まあ一日歩いただけならこんなものだろう。東京の大学に入り、日常的に原宿や渋谷を歩けばファッションスナップを撮られることもあるだろうし、私服のセンスの良さで飛躍的にモテ始める未来も容易に想像がつく。

香川でパッとしないやつが東京で急にチヤホヤされるわけがないと腹から理解できるまでには、その後まだ数年を要することとなった。

32

武蔵関

電車内のすかしっ屁に怒った、大学生の自分を時々思い出す

大学生の頃は居酒屋よりも人の家に集まって飲むことの方が多かった。バイトで月数万しか稼げず親から仕送りをもらっている自分が居酒屋で一杯何百円もするビールを頼むのは身の丈に合っていない。居酒屋に金を落とすくらいならパチンコの軍資金にしたいとも考えていた。

自分から人を誘うことは滅多《めった》にないが、先輩や友達から連絡がくればどこへでも飛んでいく。その日は、同じ音楽サークルの同級生・竹谷が住む武蔵関のアパートに集まって飲むことになった。高田馬場で22時までバイトした後、電車に飛び乗り武蔵関へ。駅前の店でラーメンを食べ、コンビニ

32

で缶チューハイを2本買ってから竹谷の家へ到着した。

すでにサークルの友人4、5人が集まっていた。車座になってよもやま話をしているうち、眠くなった者からフローリングの床に雑魚寝し、やがて朝になれば一人ずつどこかへ帰っていく。

深夜に集まって飲むのは好きだったが、翌朝には決まって強烈な眠気や倦怠《けんたい》感に襲われる。その日は午前中から講義があった。重たい体を引きずり、同期の坂倉と一緒に西武新宿線に乗り込む。ラッシュアワーは過ぎていたが座席が空いておらず、ドア付近に10人前後が立っていた。

坂倉と並んで吊り革を持ち、ボーッと車窓を眺めていた時。ふと異臭を感じた。これは。ほぼ間違いない、誰かのすかしっ屁《ぺ》だ。周りに立っている乗客はスーツを着た真面目そうなサラリーマンばかり。みな何事もないような顔をしているが、この中の誰かはシレッとすかしっ屁をこいている。白々しいやつだ。

しばらく経つと屁の臭いは先ほどよりも強くなった。ついうっかり出てしまった屁ではなく、バレないよう数度に分けて屁をこいている。次第に憤りが高まってきた私は隣の坂倉に話しかけた。

「おい、臭えな」

彼も異臭に気付いていたようで「確かに臭いね」と返してきた。しかし私が、

「絶対誰かすかしっ屁こいてるよね」

と続けると、彼は少し困ったような顔で、

「あんま聞こえるように言うなよ」と小声で言った。

その反応が私には物足りなかった。確かに静かな車内で私の発言は周囲の人に届いてしまっていたと思う。しかしそれに何の問題があるというのか。誰かがすかしっ屁をこいたことは疑いようのない事実であり、その誰かも周りから臭いと思われることは織り込み済みだろう。そして私は「臭い」という事実を正直に口にしただけだ。屁をこいた人物を強く糾弾しているわけでもない。もしかしたら私の発言を聞いて多少気まずい思いをしたかもしれないが、それは仕方がないことだ。だって実際屁をこいたんだから。

そもそも私は、屁をこくことが大きな罪だとは言ってない。誰でも屁をこきたくなることはある。そして誰かがこいた屁を臭いと思ったら、それを指摘するのもまた自然な反応だ。なんで口に出してはいけないのか。ただの屁を必要以上にオブラートに

32

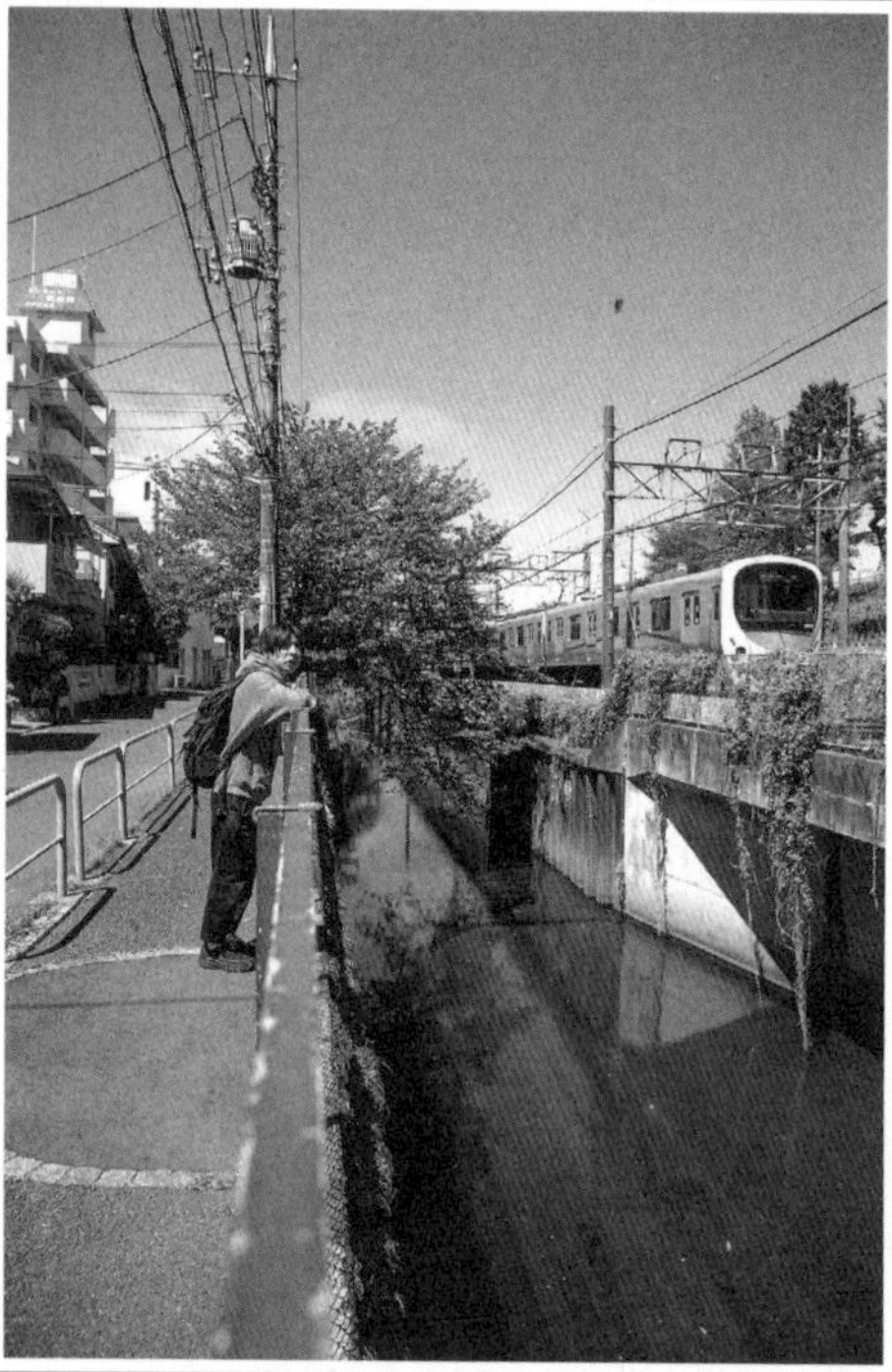

包もうとするから、屁をこいた人への怒りも積もっていく。

感じていることに蓋をして何もなかったようなふりをし続けることが、閉塞的で息苦しい社会を作るのだ。私が「誰かのすかしっ屁が臭い」と指摘したことで、それは「口に出してもいいこと」に変わった。私の率直な意見が車内に充満していた不満のガス抜き的な意味を持つこともあるだろう。だから私は自分の発言を悔いてはいない。

そんな持論を話しているうちに自説がより強固になっていくのを感じ、万能感が全身を包んだ。次第に饒舌《じょうぜつ》になっていく私を見て坂倉は「うん」「まあ、そうね」などと反応していたが、電車が高田馬場に着く頃になってもなお、どこか納得のいっていない顔のままだった。

あれから10年以上が経った今も、少し混んだ電車に乗っているとあの日のことを思い出す。その度、幾分かの恥ずかしさが記憶に付きまとう。自分の発言が完全に間違っていたとは今でも思わない。ただ、正義の告発をしているようなあの日の自分のテンションに嫌悪感を覚えるのだ。

あの時私は、みんなが口に出すのを躊躇《ちゅうちょ》している重要な核心を堂々と提示して見せた気になってテンションが上がっていた。周囲で黙って会話を聞いているサラリーマンたちもは私の論に心を動かされ、「ハッ」とした表情になっている感覚があった。

しかし実際はきっと「朝から屁が臭え上に、大学生が調子付いててうぜえな」としか思われていなかったことだろう。

第一もし友人が一緒にいなかったら私は何も言っていなかった。ある種の群衆心理で饒舌になっていた部分も確実にある。坂倉はそんな私の小狡《ずる》さも直感的に感じ取っていたのではないだろうか。


「感じたことは口に出すべきだ。躊躇すべきではない」

大した持論をぶっていた私だが、実際、感じたとしても口に出さない方がいいことは無数にある。太っている人にわざわざ「太っているね」と伝える必要はない。すかしっ屁もそれと同じかもしれない。

あの日の自分を何度も振り返り、正しいことを喋《しゃべ》って気持ちがよくなってきたような時は、一旦《いったん》冷静になろうと心がけるようになった。少しは大人になったということかもしれないが、何が正しいかの判断もいまだ定まっていない私は、きっと今でも知らない間に恥ずかしいことを言い続けていることだろう。

33

下北沢

下北沢が苦手だ。そこにいる夢追い人たちはもっと苦手だ

昔は下北沢へ行くとワクワクしたりもしたが、30歳を超えたあたりからは苦手になってきた。下北沢には夢を追うたくさんの若者たちが毎夜集っている。それは素敵なことかもしれないが、問題はそういう熱い若者たちの一部が私をひどく軽んじ、時によくわからない憤りを浴びせてくることだ。

飲み屋で少し話しただけの若者から「お前みてえなヌルいやつが一番嫌いなんだよ」などと言われたこともあるし、軽いパンチや蹴りを食らったこともある。

彼らからすると、私はおそらく社会のぬるま湯に浸かって目が死んでしまった、つまらない大人の一例で、パンク風鬱憤をぶ

33

つけるにはちょうどいい相手なのだろう。その怒りをぶつけるべき対象は本来私ではないはずだが、彼らも抵抗してこなさそうな相手を無意識に選んだ上で「世間に物申した感」を得て気持ちよくなっているのだと思う。ムカつく。

屈辱的な経験はいくらでもあるが、中でも決定的だったのは数年前、ある若手芸人の集団に出くわした夜の出来事だった。その日私は、知り合いの芸人が店長をやっている居酒屋でいい感じの女性と飲む約束をしていた。集合時間は24時と遅く、流れ次第では何かが起こるのではという下心もあった。

先に到着すると、10畳ほどの座敷にちゃぶ台が数卓置かれた店内で、3人組の若者がニンテンドー64の「スマブラ」をやっていた。店長から「後輩の若手芸人です」と彼らの紹介を受け、私も彼らに紹介されたが、3人組は興味なさそうに軽く会釈を返しただけでゲームを再開した。

彼らを横目に一人ハイボールを飲んでいたら徐々に不安が生じてきた。仕切りのない狭い店だ。ポツンと端っこで座っている私は、後から来た女の子から場に馴染《なじ》めてないダサいやつと見なされるのではないか。そう案じた私は「俺もスマブラやってていいですか?」といつにない積極性で話しかけた。

「うわ、めっちゃ強いじゃん」

「ヤバイヤバイ！　あっ！　クソっ！　やられた！」

無理してテンションを上げている私の言葉は宙に浮き、まるで友達の親がゲームに加わってきた時のような白けたムードが辺りに漂った。

気まずさに耐えきれなくなってきた頃にやっと女の子が到着。その途端、先ほどまであんなに排他的だった男たちの態度が一変し、

「みんなでＵＮＯやりましょ！」

と場を回しだしている。そして想定外だったのは女の子が結構なお笑いファンで、芸人集団のうちの１人を認識していたこと。彼の持ちギャグに目を輝かせて爆笑する女の子を見て、私はこの店に来たことを後悔した。

ＵＮＯをやっている間に場がどんどん親密になっていく。彼らは集団芸で場を掌握し、時折挟む私のコメントは全てスルー。状況を打開できないまま数時間が過ぎた頃、店長が
「ちょっと下行って看板しまってきて」

と芸人の１人に声をかけた。来た。閉店時間だ。このタイミングで女の子を連れて

33

さっさと店を出よう。

そそくさと会計を済ませようとした瞬間、再び場に不穏な盛り上がりを感じた。芸人たちが窓から顔を出し、

「いや、あるやん！　そこ！」

と囃《はや》し立てている。仕方なく私も覗《のぞ》き込むと、先ほど看板を片付けに出た男が「目の前の看板を見つけられず探し続ける人」というボケをしていた。彼はその後焼酎の瓶を鉄砲のように持ちキョロキョロしながら戻ってきて、

「戦争はもう終わりましたか？」

という一言で場を沸かせた。嫌な流れだった。

店長が「もういいわ！　お前行ってきて！」と指名した次の芸人は、シャツを前後逆に着て

「後ろ前逆さマンです」

と言いながら戻ってきた。最悪だ。看板の片付けを振られた者がモノボケをしながら帰ってくる流れが出来上がっている。これではこっそり抜け出せないのはもちろん、いずれ自分も指名されてしまう。そしてこいつらは間違いなく、私のモノボケに対し

33

て協力的に笑ってはくれないだろう。

しかし一縷《いちる》の望みはあった。こいつらは知らないだろうが、私は過去に有名な大喜利大会でいいところまで行った経験がある。集中すれば、きっとこいつらより面白いことを思いつけるはずなんだ。一発逆転のアイデアを手繰り寄せろ。何か。

酒を飲む手を震わせながら必死に案を練っている間に、残りの芸人や店長、さらには女の子までもが次々と指名され笑いを取った。残るはいよいよ私だけ。今はまだ何も思いついていないが、私ならきっとギリギリのところで起死回生のボケを出せるはず。やるしかない！

覚悟を決め指名を待っていたその時、

「じゃあ2軒目みんなでカラオケ行こかー」

と誰かが言った。「ええやん」「いこいこ」私の存在を無視して勝手に話が進む中、あろうことか女の子までが「行くー！」とノリノリの表情を見せている。私にだけ出番が与えられないまま、いつの間にか看板は片付けられていた。

精神の限界を感じつつも女の子への未練を断ち切れなかった私は、特に誘われてもいないが集団の後についてカラオケ屋に入店。危惧していた通り、モノマネ披露会の様相を呈する場の流れについていけずさらなる疎外感を味わった。

ようやく宴が終わったのは朝8時。この期に及んでもう一軒行こうなどと言っている芸人たちに帰る意思を告げ、

「今日マジ楽しかったわ！　ありがと！」

と嘘《うそ》の握手で余裕を見せようとするも、「はよ帰れや」という顔で彼らは去っていく。女の子がこちらに来てくれるのを待ったが、彼女は、

「じゃあね～」

と言いながら集団と一緒に消えていった。家に帰る気力さえ残っていなかった私は、近くの漫喫でエロ動画を見ながら気を失うように眠ったのである。

あれ以来、私は下北沢の若手芸人を敵だと見なし、ひいては下北沢という街に負のイメージを抱くようになった。しかしそれでもまだいい感じの女性に誘われたら下北沢だろうが高円寺だろうがホイホイ出向いてしまいそうなこの軽薄さこそ、しょうもない災厄を引き寄せている原因なのだろう。

34

溜池山王

赤坂の繁華街で、マックでいいんじゃね？と上司は言った

五反田の本社から品川に派遣され、できもしないシステムエンジニアの真似事をやっていた時期。

どうしようもなく仕事が苦痛で、職場のビルに火災が発生したり、爆破予告が届いたりして休みにならないだろうか、と不謹慎なことを毎晩夢想していた。

〝公園やパチンコ屋でサボっている営業職の話〟を仕事中にこっそり閲覧しては、心から羨《うらや》ましく思った。派遣先に常駐させられている私にできる精いっぱいのサボりは、そうしたネットのくだらない記事を小さなウインドウで盗み見したり、喫煙所に行く回数を増やすことくらいしかない。

しかしごく稀《まれ》に、公然と社外に出て上司

からの監視を逃れられるイベントがある。その一つが健康診断だ。溜池山王にある健診センターに出向き、小一時間ほどの健診を受ける。年に一度の大イベントだ。

その年も数日前から健康診断の日を待ち望んでいた。午後からの健診ならそのまま直帰できる可能性も高かったが、午前の健診に振り分けられてしまった私は、終了後再び品川に戻ることを命じられ落胆した。それでも、数時間職場から離れられるだけでありがたいことである。昼メシや帰り道にできるだけ時間をかけて帰社時間を遅らせれば、そこからほとんど働かず家に帰れるかもしれない。

小学校の遠足より楽しみにしていた健康診断当日。出社していくつかメールを返したりプログラムのコードを眺めたりしているうちに溜池山王へ向かう時間が来た。仲がよかった同期も同じ午前の健診だった。席まで迎えにきてくれた同期と一緒に、浮足立ったテンションで会社を出て溜池山王へと向かう。

待ちに待った健康診断は、流れ作業のようなスムーズさで、あっという間に終わった。始まってまだ30分しか経っていない。効率化が徹底されている。もっと無駄に並ばせたり、ダラダラやってくれてもよかったのに……。

34

だがさて、ここからが技術の見せどころ。できるだけゆっくりとランチをとり、できるだけチンタラ歩いて品川へ戻ることにしよう。

測ったばかりの身長や体重を同期と教え合い、さあ、何を食べに行こうかと盛り上がっていた時、少し遅れて健診を終えた上司2人にばったり会ってしまった。

2人のうち片方とは以前同じ現場になったことがあった。ただただ私の仕事のできなさにイライラしていた上司だ。もう1人は同じ現場になったことはなかったが、クールで取っ付きにくそうな印象の上司。私はそう思わなかったが、私含めパッとしない見た目の人が多い我が社の中ではイケメンキャラで通っていた。

とりあえず、2人とも腹を割って話せるような間柄ではない。しかし「俺らも終わったから昼メシいこうぜ」と言う上司の誘いを断る理由は思い浮かばなかった。仕事中の数少ない楽しみである昼メシの時間、しかも知らない街で仲のいい同期とランチができる貴重な機会。そこに気遣いを強いられる上司が加わるのは煩わしかった。

赤坂方面に歩くと、美味《うま》そうな中華料理やラーメン屋がたくさんある。

「あそこいいんじゃないすか？」「定食もいいっすね！」と数度意見を出すも、なぜか上司たちは気乗りしない様子。

その時クールな方の上司が「もうマックでいいんじゃね？」などとのたまった。

マック？　いや、マックでいいわけないだろ。こんな滅多《めった》に来ない街に来て、マックとそう値段の変わらない美味そうな店がたくさんある中で、わざわざマックを選択する精神が私にはわからない。

しかもマックはファストフードの王様なんだから、帰社時間が早まってしまうではないか。

仕事ができない分、極力波風を立てないことを心がけている私でもさすがに今回の上司の意見には承服しがたかった。

「せっかくだから別の店の方がよくないですか？」

と幾度か反論するも、何でもよさそうな口ぶりの割に上司の意志は意外と固い。そのうちもう一人の上司も

「めんどくせえからマックでいっか」

と同調し、発言力を持たぬ部下たちは泣く泣く後ろをついていく羽目になったのである。

せめてもの慰めとして、当時新商品だったクォーターパウンダーを頼んだ。しかし

34

今まで食べてきたマック商品との違いは大して感じられず、それ以前に半ば強制的にマックに連れてこられた怒りで味が頭に入ってこなかった。

上司たちと最近の仕事内容や他の現場の話、ＩＴ資格の話などをしたが、まるで興味が湧いてこない。この人たちはいつも昼メシの時にこんなつまらない話をしているのか。同期と2人だけなら、もっと仕事と関係のない下衆《げす》い話ができるのに。

しつこいようだが、どんな生き方をしてきたら赤坂の繁華街を前に「マックでいいんじゃね？」などとくだらないことが言えるのか。

百歩譲って、「マック食べたいから行こうぜ」と言われるならまだ納得できる。「マックでいいんじゃね？」くらいの消極的な態度のくせして、こちらの意見には耳を貸さず、つまらなそうな顔でハンバーガーを頬張っている様子が心底気に食わなかった。メシに興味がないことがかっこいいとでも思っているのか。

いや、実際彼らはその選択がストイックでかっこいいと思っているように私には見受けられた。食べ終わって喫煙席でタバコを吹かしている間も、彼らの見当違いの男らしさ観や貧しい好奇心、さらにはクールな方の上司のサラサラとした前髪が空調になびいていることにすらイラついて仕方なかった。

結局、上司のせいで必要以上にスムーズに食事が終わり、帰り道もできず、思い描いていた時間よりもかなり早く品川の現場に帰ることになってしまったのだ。

マックが悪いわけではない。マックはそれなりに美味《うま》いし、今でもたまに一人で食べにいくことはある。しかしあの日以来、メシに全く好奇心を示さぬ人とはわかり合えないと思うようになった。

35

銀座

誰に何をあげるのも自由だと思うが、夜の銀座ではそうでもないらしい

部屋の掃除をしている時、捨てていいのか迷うものが必ず出てくる。

数年着ていない服、読み終わった実用書、年金関連の通知書など。「迷っている時点であなたにとって必要のないものだ」という、どこかで聞いたフレーズを思い出し、極力思いきってなお捨てるようにしているが、幾度の掃除を経て捨てられなかったものもある。そのひとつが、テレビ番組に出た時の台本だった。

収録が終われば台本を見返すことはない。いつまでも押し入れの片隅に積み重なり、埃《ほこり》をかぶっているだけだ。しかし捨ててしまうには少々惜しい気もする。台本にはそ

の日その現場に関わった人しか手に入れられないプレミア感がある。有名人の名前もたくさん載っているし、客人が来た時などに見せれば多少は盛り上がるかもしれない。そんな可能性を考慮して一応保管しておくのだが、結局役に立ったことは一度もなかった。

過去にちょっとテレビに出たことを後生大事にしている自分が次第に悲しくなってきた。そんな根性だから出世しないのだ。そう察した私は、掃除のついでに全ての台本を捨ててしまおうとして、ふと思い出した。そう言えば、この台本を異常に欲しがっている人がいたことを。

バンドマンの先輩がやっているバーでたまに顔を合わせる女性。銀座のクラブでホステスか何かをやっているらしく割とお金を持っていそうな雰囲気だが、お高くとまっているわけでもなくノリのいい人だった。彼女は私がドラマで共演した俳優の熱狂的なファンだそうで、その時の台本をくれたら2万払うとまで言ってきた。

一瞬欲が出そうになるも、「お金なんかいいよ、今度覚えてたら持ってきてあげるわ」と余裕ぶって答えたのだ。

そんな口約束はすっかり忘れたまま半年以上が過ぎていたが、そのバーで近々誕生日イベントをやるから遊びにきて、と彼女から連絡がきていた。ちょうどいい。人にあげていいものなのか知らないが、これを誕生日プレゼントとしよう。

バーに到着すると、思ったより人が集まっていた。台本を10冊くらい入れたコンビニのビニール袋を提げてきた私を見て、入り口付近にいた顔見知りの女の子が何それ、と話しかけてきた。ドラマの台本だと答えると、

「え！　すご～い！」

とまさに私が求めていたような反応を返してくれる。気を良くした私は、これならいいだろうと最終稿とは別の仮の台本、装丁も簡素なものを1冊プレゼントすると想像以上に喜んでくれ、有名人が載っているドラマの台本のパワーを思い知った。

居合わせた他の友人と飲んでいるところに、銀座の彼女が「来てくれたんだ！　ありがと～！」と酒の入ったテンションで近づいてきたので「はい、プレゼント」とぶっきら棒にビニール袋を渡した。彼女は袋の中を数秒確認した後「キャー！」と歓声を上げて跳び上がり、そんなに、というくらい喜んでいた。

「本当にいいの!?　2万払うよ!?」

35

とまたも金銭を提示してきたが、もちろん受け取るつもりはない。もともと捨てる予定だったものをあげて喜んでくれるだけで十分だ。それで気が済まないと言うなら、あとでウーロンハイの一杯でもご馳走してもらおうかな、などと考えていた。

善い行いをした気分で気持ちよく飲んで1時間ほど経った頃、カウンターの方から
「シャンパン入れま〜す！」
と大きな声が聞こえ、銀座の彼女が回ってきた。みんなで割り勘してシャンパンを入れたいから千円ずつカンパしてくれないかと言う。

さっきまでお金を払わせてくれと言っていた人が逆にお金を求めてくることに若干の抵抗感を持った。でもまあそれとこれとは別だ。シャンパンは別に飲みたくないが知り合いのお店に協力したい気持ちもあるし、一丁気前よく払おうと財布を見たら千円札がない。「あとでお釣りちょうだい」と渡した一万円札を彼女は当たり前のような顔で受け取り、カウンターの方へ戻っていった。

しばらく経つとシャンパンの入ったプラカップがその場にいた20人ほどに行き渡り、乾杯の音頭が取られた。私は周囲に合わせてプラカップを掲げながら、先ほどのお釣

35

りがお酒のノリで有耶無耶《うやむや》にされていないかが気がかりだった。

その後彼女はちゃんと戻ってきた。が、はい、と手渡してくれたお釣りは５０００円札１枚のみ。あれ、あと４０００円は？　酒のせいで金銭感覚が緩くなってきてはいたが、まあ別にいいか、と流してしまうには４０００円はでか過ぎた。４０００円あれば、地味に２〜３日は暮らせる。ここははっきり言っておかないと確実に後悔すると感じた私は、極力言葉にトゲが出ないよう「あ、俺さっき１万円渡したんだけど……」と確認を取ろうとした。すると彼女は事も無げに、

「いや、さっきの１万円から５０００円のシャンパン１本入れたから５０００円のお釣りだよ」

と答えたのである。話が違う。なにを人の金で勝手にもう一本追加してくれているのだ。

瞬間的に怒りが湧いたが、冷静になろうと心がけた。ちゃんと確認しなかった私にも非はある。ただ認識の齟齬《そご》があっただけかもしれない。そう自分を納得させようとしたものの、全く悪びれる様子もなく、その後も度々１０００円のカンパを求めにやってくる彼女に不満が募った。一度シャンパンが空いてしまえば払った金はリセット

されるシステムなのか。というかまず、数時間前に2万払おうとしていた相手に、なんでそんなに躊躇《ちゅうちょ》なく金を使わせようとしてこられるのだろう。

いや、きっとこれも夜の銀座では普通のことなのだ。銀座のクラブでは何万円もするシャンパンが毎夜ポンポン空いている。その度に感謝していたら身が持たないだろうし、私みたいな貧乏人がウジウジ気にしている数千円など彼女にとっては小銭みたいなものなのだ。

負の感情を散らそうとお茶ハイを煽《あお》ったが、心中のわだかまりは解消されず、気がくさくさしてきたので終電前に帰ることにした。

エレベーターの前で待っていたところに、さっき仮の台本をあげた子が「台本ありがとね！」と声をかけてきた。感謝の気持ちを忘れないしっかりした子だ。しかし、声をかけてくるタイミングが悪かった。銀座の女がそれを近くで聞いていたのである。

「え、台本あげたってどういうこと⁉」

誰にあげようと文句を言われる筋合いはないのだが、思わず気圧《けお》されながら「いや、あくまでも仮の台本で、ちゃんとしたやつはさっきあげたやつだから……」とモゾモゾ答えていたら、女はさらに勢いづいた。

35

「は!?　なに勝手にあげてんの？　じゃあ5000円払えよ！」

人はここまで増長できるものか。5000円という額は一体どこから出てきたのだろう。一旦《いったん》もらえると思ったものは最初から自分の資産であったかのように、本気で思っている。

いや、もしかしたら人間とはもともとそういうものなのかもしれない。私にもきっとそういう部分はある。しかし夜の銀座には、そんな人間の嫌な性質を増幅させる何かがあるように思った。まだ何やら言っている彼女をシカトしてエレベーターに乗ることで精いっぱいの憤《いきどお》りを示しながら、今後銀座で働いている女にはあまり恩を売らないようにしようと強く私は誓った。

36

駒込

念願かなった出版社のバイトを、一日も早く辞めたいと思った

出版社で働くことに学生時代から若干の憧れを抱いていた私は、20代後半になって念願かない、駒込の出版社でバイトすることができた。

スピリチュアル系の書籍を発行する小さな出版社。できれば普通の出版社がよかったが、スピリチュアル系の出版社でなければ面接で落とされていただろう。

線が細くて早口の、いかにも神経質そうな50代女性が面接官だった。経験上、こういうタイプの人にイラつかれやすいことはわかっている。不採用を直感するも、実家が神社だと説明すると態度が変わった。「祝詞《のりと》はあげられるの?」「え、資格も持ってるの?」と過去にない食いつき。

36

特殊な出自が功を奏し難なく採用の運びとなったわけだが、仕事内容が望んでいた編集やライティング業務ではなく電話営業だったのは完全に想定外だった。

鑑定法の紹介を本に載せませんか、と占い師の先生方に電話をかける。それだけなら簡単だが、こちらがギャラを払うわけではなく、広告料としてページあたり数万円を支払っていただき本に載ってもらわなくてはならない。かなり無理めな営業だ。

やっぱこのバイト辞めようかなとすぐに思ったが、契約が取れて本を作る工程に入れば出版社らしい仕事もできるとのことで、しばらくは頑張ってみることにした。

初出勤の朝からネットで占い師を検索し、電話をかけまくる。やはり全く契約を取れる気がしない。頼みの綱は私と同時期に入ったアルバイトの岡田さんだった。岡田さんは私より10ほど年上の落ち着いた女性で、一緒に働く上では申し分ない人柄に見えたが、電話を横で聞いている限り営業の押しが弱く、残念ながらこちらもあまり当てにはできなさそうである。

当然のように私も岡田さんも一件の契約も取れないまま、2週間が過ぎた。上司と岡田さん、私の3人しかいない狭い部屋にどんよりした空気が立ち込める。

面接時から危惧していた通り、上司はかなり感情的でヒステリックな人だった。前触れもなく激昂《げきこう》する上、合理的でない怒り方をしてくる。例えば働き始めて数日後、Excelファイルの印刷を頼まれた時のこと。やり方がわからなかったので手順をたずねると上司は突如鬼の形相になり、「なんでそんなこともできないの!?」と異常な怒りをぶつけてきた。何回も間違えて怒られるのならわかるが、最初はわからないのが普通じゃないのか。怒りの沸点が低過ぎる。

営業がうまくいかない岡田さんに対しても、「悪い気が体から滲《し》み出てるのよ!」「あなたの負のオーラのせいでこっちまで落ち込むわ!」とスピリチュアル系のパワハラを繰り返し、しまいには持参した塩を毎日岡田さんに振りかけるようになった。私に対しても「吉田くん、祝詞あげられるんだよね?」と上司が塩を撒《ま》いている横で祝詞を読ませたり、見よう見まねのお祓《はら》いをさせたりした。

この職場は狂っている。ここでずっと働いていたらこっちまでおかしくなってしまう。それでもまだ、辞めてしまうには惜しかった。もう少し我慢すれば、もっと出版社らしい仕事もできるかもしれない。そんな期待に反していつまで経っても契約は取れず、編集の工程に取りかかれる気配はなかった。

36

そろそろこのバイトも潮時かと考えていたある日の終業間際。

「吉田くん、キャッチコピー書く仕事に興味ある？」

突然の上司の言葉に耳を疑った。出版社が書籍発行と並行して行っているスピリチュアルセミナー。そのネット広告に使うキャッチコピーを考えてみないかと持ちかけられたのだ。

「吉田くんは営業よりも文章系の仕事が向いてるかと思って」

やっと気づいてくれたか。初めてやる気を前面に出し、「是非やりたいです！」と答えた。ただのヤバい上司だと思っていたが、上に立っているだけあって少しは人を見る目がある。まだ辞めなくて正解だったみたいだ。

翌日は、週に2日やってくるWEB担当のアルバイト、加藤さんの出社日だった。加藤さんはあの与沢翼氏に師事していたこともあるという頭の切れそうな若者だ。

「コピーライターの仕事ってすごく重要だから、今日の夜できるだけいっぱいコピー考えてきて。加藤さんと一緒に厳選するから」

コピーライターか。クリエイティブな響きだ。そういえば、自分はコピーライターに向いているのではないかと前々から思っていた。

街の広告を見て、「俺の方がいいコピー作れるな」と感じることがよくあった。かといって自らコピーライターになるための行動を起こしたことはなかったが、まさか向こうからチャンスがやってくるとは。

小出版社が主催するセミナーの広告などコピーライター界からすれば極めて末端の仕事に過ぎないだろうが、私に実力があればここを端緒に活躍の場を広げていけるはずだ。糸井重里のようにクリエイティブ論を語る自分の姿を思い描き、胸が高鳴った。

明日までにコピー50本考えてきますと力強く宣言し、意気揚々と退社。夕食をとった後、机の前に座りアイデアを練る。コピーを考えるのはそれなりに大変だが、営業に比べれば全然苦ではない。むしろ楽しかった。作業は深夜にまで及び、何とか50本のコピーを揃え終わる。自分なりにこれは結構いいんじゃないか、と思えるコピーもいくつかはあった。上司のセンスは信用できないが、加藤さんならきっと的確な意見をくれると思う。いや、「吉田くんかなり素質あるね！」と驚いている上司と加藤さんの姿も正直かなり現実的に想像できる。

翌朝、寝不足の目をこすりながら出社すると、上司と加藤さんがパソコンを眺めな

36

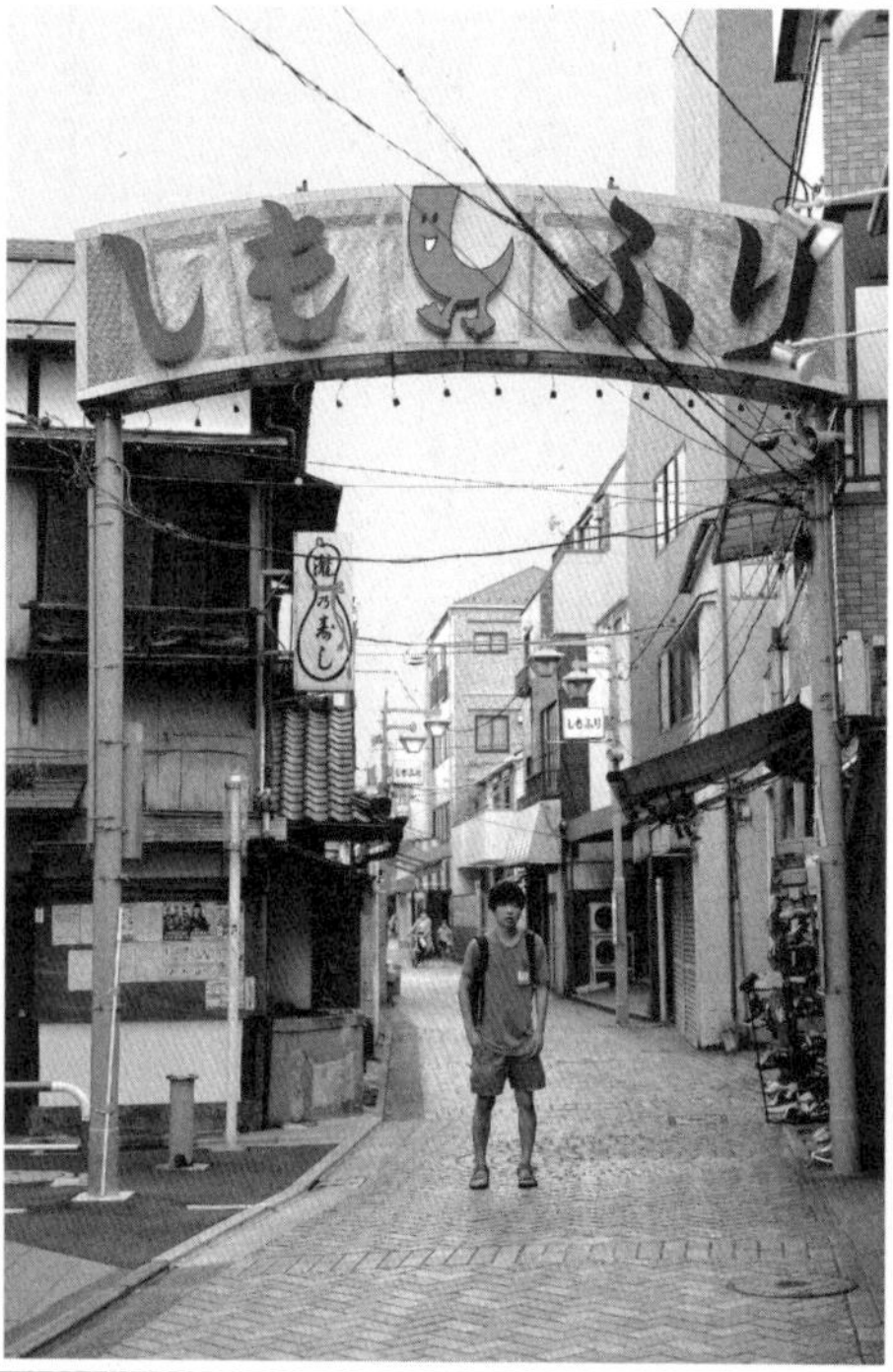

がら何やら忙しそうに話し合っていた。私はとりあえずいつもと同じように営業の電話をかけ始めた。

滾《たぎ》る思いを押さえつけながら電話をかけ続けること数時間。昼前になっても上司は加藤さんと話し込み、私のコピーについて何も聞いてこない。

自分からせっつきに行くのはハードルを上げてしまうようで若干気が引けた。しかしどうせいずれは見せなくてはならないのだ。それにもしかしたら、上司は私のやる気と積極性を試すために、あえて何も言ってこないのかもしれない。ここは前に出るべき局面だ。行くしかない。

「あのー、すいません、昨日言ってたコピー考えてきたんですけど……」

振り返り「あ、」と小さく呟《つぶや》いた上司の反応で、昨日私に言ったことを完全に忘れていたことを察した。にもかかわらず上司は悪びれもせず、ため息をつきながら言った。

「あのさあ、一日考えたくらいで今まで経験積んできた加藤さんよりいいキャッチコピー作れると思う?」

何を言わせたいのかわからない。頼まれたから作ってきたのだ。答え方に困り、

36

「最初はなかなか難しいかもしれませんね……」ととりあえず謙虚な顔を見せた私へ、上司は事も無げに告げた。

「そうだよね。それはさすがにわかるよね。コピーはもう考えなくていいから、電話営業に戻って」

こいつふざけんなよ、という怒りより前に恥ずかしさが立った。誰も求めていない、頭のおかしい上司が気まぐれに命じてみただけのコピーを、私は夜中まで必死に考えてワクワクしていたのか。鞄の中に潜ませていたコピー案の束をクシャクシャに握り潰し、ゴミ箱に捨てた。「クソが」と胸の内で呟きながら。

後日、出来上がったサイトを確認したら、「幸運になりたい人以外は『絶対に』これ以上スクロールするのはやめてください」というコピーがでかでかと掲げられていた。

やっぱり、一日でも早くこのバイトを辞めないとおかしくなってしまうと思った。

37

高田馬場

俺たちは「東京の人」になった。ただそれだけでうれしかった

3月にしては暖かい日だった。第一志望の早稲田大学文学部に合格した私は、姉に付き添ってもらい不動産屋を回っていた。

学生ローンの巨大な看板が見下ろしている高田馬場駅前。いくつもの不動産屋が、おすすめの物件情報がペタペタ貼られた看板を並べていた。とりあえずCMで名前を聞いたことのあるきれいな不動産屋に入ったところ、話を聞いている合間に姉から「やす、もうここ出るで」と促された。店を出て「何がいかんかったん?」とたずねると、こちらが指定した値段よりちょっと高い物件ばかり出してくる不動産屋はダメだ、とのこと。

37

「不動産屋って基本こっちの希望ごまかして、できるだけ高い部屋借りさそうとしてくるもんやから、気いつけんといかんで」

と姉は言った。いい人そうな店員だったが、確かに私の希望より数千円高い物件ばかり紹介してきた。でも向こうが出してきた物件にもそれなりの利点はあったし、ちゃんとした不動産屋がそんなずるい事をするものだろうか。

次は「早稲田の学生向け物件多数」と看板に掲げていた店に入ってみた。さっきは「高田馬場周辺で3万円台」という条件を伝えると非常識なことを言っているような反応をされたが、そこの若い男性従業員は、

「風呂なしでかなり古いアパートになりますよ?」

と牽制《けんせい》しながらも、条件を満たす物件を最初から出してきた。なるほど。姉の言う通り、いい不動産屋と悪い不動産屋があるのかもしれない。

その不動産屋の従業員の多くは早稲田の卒業生らしい。私が当たった若い男も法学部だったという。物件の紙を見せながら、「ここ友達が住んでたんですけど居心地よかったですよ」などと現場感のある情報をくれる。この不動産屋いいじゃん、と素直に思った。

いくつか紹介された中から2つに絞り、流れのまま内覧をすることに。歩いて向かっている途中、「何で文学部にしたんですか？」とたずねられた。自分なりに細かい理由はあったものの、話せば長くなる。「まあ本とか好きなので……」と曖昧に答えると、

「へえ、どんな作家読むんですか？」

と掘り下げてきた。好きな本ならいくつでも挙げられたが、好きな作家は誰かと聞かれたら答えに困る。国語の教科書や出版社のキャンペーンで紹介されているような有名な文学作品はそれなりに読んできたとはいえ、そこからさらに何冊も読んでいる作家はほとんどいなかった。

悩んだ末に、思いついたのが重松清だ。直木賞を受賞したタイミングで名前を知り、図書館で借りて読んでみたら面白かったので5冊くらい読んだ。どれも面白かった。確か、あの人も早稲田出身だったしその辺でも話が広がるかもしれない。

そんなことを思いながら、

「重松清とか読みますね」

と答えた私に対し、不動産屋は苦笑しながら、

37

「ああ……、あんま本読まないんですね」

と言った。イラッとした。どうして売れてる作家が好きだったら本読んでないことになるんだ。咄嗟《とっさ》に「え、じゃあ誰の本読むんですか?」とやり返すと、彼は表情に余裕を浮かべ「三島とか谷崎とかですかね」と答えた。

卑怯《ひきょう》な男だ。歴史が才能を証明した、否定しようのない作家ばかり挙げてきて。三島由紀夫が天才だったとしても、それを読んでるお前がすごいことにはならないから。ていうか俺も『痴人の愛』読んだことあるし。

地元では好きな本の話をできる友達が少ないのが少し不満だったが、東京では逆にふらっと入った不動産屋の店員ですら好きな作家で人を見定めてくる。いや、もしかしたら早稲田にそういうやつが多いだけかもしれない。そういえばこの店員は文学部より若干偏差値が高い法学部の卒業生であることを、聞いてもいないのに節々でアピールしてきた。

大学では音楽サークルに入るつもりだった。サークルを回って好きなミュージシャンをたずねられた際は、人から絶対にマウントを取られない名前を挙げようと、深く心に刻み込んだ。

37

嫌な店員ではあったが、結局そこで紹介された家賃3万5000円、風呂なし・トイレ共同、高田馬場駅まで徒歩25分の「山アパート」を契約。床がフローリングだったのと、適当に付けられたような名前が気に入った。

一旦《いったん》実家へ戻り親戚などに挨拶した後、改めて4月頭に上京。入学式はまだ1週間ほど先だったが、部屋も借りたことだし、一日も早く東京に行きたかった。

近所の友達で同じく東京の大学に進学する純平も一緒に上京し、ふたりで山アパートに泊まった。事前に送っておいた布団とギター、CD、本くらいしか物がない、まだ電気も通っていない真っ暗の六畳一間にいいちこや缶ビールを持ち込んで東京生活のスタートを祝う。東京にいるのがうれしすぎて、大学生活が楽しみすぎて、いても立ってもいられない。やがて酔いが進み羞恥心が消えれば、この胸の中に滾《たぎ》っている衝動を言葉にできるだろうと期待していたのに、移動で疲れたのか、日付も変わらないうちに純平は眠ってしまった。まあいい。俺たちは東京にいて、有り余る時間を持っている。熱い議論を交わす夜はこれから何度もやってくるだろう。

翌朝、家の近くを歩き回って見つけたモスバーガーに入った。日差しが暖かく、春の陽気だった。

メロンソーダを飲みながら純平と話した。

「俺ら今東京の人みたいになっとるな」

「まあ、実際もう東京の人なんやけどな」

この街で私たちを知っている人はまだ誰もいない。まだ一つの答えも出ていない。私たちは若く、何者にでもなれる可能性があって、終わりの見えない未来に何の不安もなかった。

撮影地および初出一覧

P.146	高円寺メタルめし（2020年8月号）
P.154	杉並区和田・普門館跡地前（2020年9月号）
P.160	東村山・はんこの自動販売機（2020年10月号）
P.168	五反田駅東口陸橋（2020年11月号）
P.174	木場公園（2020年12月号）
P.182	東京駅新幹線ホーム（2021年1月号）
P.188	『はなまるうどん茅場町店』前（2021年2月号）
P.194	群馬県アンテナショップ『ぐんまちゃん家』前（2021年3月号）
P.200	成田山東京別院深川不動堂前（2021年4月号）
P.208	原宿竹下通り入り口（2021年5月号）
P.214	武蔵関駅近く（2021年6月号）
P.220	下北沢（2021年7月号）
P.228	赤坂みすじ通り（2021年8月号）
P.234	銀座八丁目（単行本初出）
P.244	駒込・霜降銀座商店街（単行本初出）
P.250	文京区目白台（2021年9月号）

本書は月刊『散歩の達人』連載に大幅に加筆修正したものです。※カッコ内は掲載号

撮影地および初出一覧

P.010　阿佐ケ谷スターロード（2018年7月号）

P.016　御茶ノ水楽器街（2018年12月号）

P.024　大宮・大衆酒場『いづみや本店』（2019年1月号）

P.030　四ツ谷・外堀公園（2019年2月号）

P.036　西五軒町（2019年3月号）

P.042　バスタ新宿（2019年4月号）

P.048　中野ふれあいロード（2019年5月号）

P.054　京王井の頭線池ノ上駅前（2019年6月号）

P.062　上野アメ横商店街（2019年7月号）

P.066　東京荻窪天然温泉 なごみの湯（2019年8月号）

P.072　西新宿・小滝橋通り近く（2019年9月号）

P.080　なまはげ銀座店（2019年10月号）

P.086　西麻布交差点（2019年11月号）

P.092　千駄ケ谷・将棋会館（2019年12月号）

P.100　渋谷・國學院大學近く（2020年1月号）

P.106　新宿御苑前（2020年2月号）

P.112　クレイズクライミングジム（2020年3月号）

P.120　品川インターシティ（2020年4月号）

P.126　新宿歌舞伎町（2020年5月号）

P.132　東武スカイツリーライン草加駅（2020年6月号）

P.140　志村警察署戸田橋交番（2020年7月号）

ここに来るまで忘れてた。

2021年10月29日　第1刷発行

著者　吉田靖直

写真　鈴木愛子
デザイン　寄藤文平＋古屋郁美（文平銀座）
編集　武田憲人

発行人　横山裕司
発行所　株式会社　交通新聞社
〒101-0062
東京都千代田区神田駿河台2-3-11
電話　03-6831-6560（編集）
03-6831-6622（販売）

印刷・製本　東京印書館

ISBN　978-4-330-05521-3